Literatur im DaF/DaZ-Unterricht

Bachelor

2

Studies

Jürgen Koppensteiner & Eveline Schwarz

Literatur im DaF/DaZ-Unterricht

Eine Einführung in Theorie und Praxis

Komplett überarbeitete und aktualisierte Neuauflage

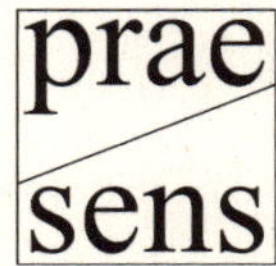

Bibliografische Information der Deutschen Nationalbibliothek
Die Deutsche Nationalbibliothek verzeichnet diese Publikation in der Deutschen Nationalbibliografie; detaillierte bibliografische Daten sind im Internet über http://dnb.d-nb.de abrufbar.

ISBN: 978-3-7069-0631-9

http://www.praesens.at
Wien 2012

Inhalt

Vorwort 7

Statt einer Einleitung: Acht Thesen zum Umgang mit Literatur im DaF-Unterricht 9

1. Was ist Literatur 11
2. Literaturtheorien 13
2.1. New Criticism 13
2.2. Ideologiekritische Literaturwissenschaft 13
2.3. Strukturalistische Literaturwissenschaft 14
2.4. Dekonstruktivistische Literaturwissenschaft 15
2.5. Rezeptionsästhetik und Response Theory 16
2.5.1 Modelle eines Lesers 18
2.6. Die interkulturelle Germanistik 20
2.7. Literaturwissenschaft als Kulturwissenschaft 21
2.8. Die interkulturelle Literaturdidaktik 22
3. Literatur im DaF-Unterricht: Pro und Contra 25
3.1. Historischer Exkurs 25
3.1.1. Der Gemeinsame Europäische Referenzrahmen (GER) 27
3.2. Argumente gegen Literatur 28
3.3. Argumente für Literatur 30
3.4. Wer lernt warum Deutsch? 33
4. Rezeptionsästhetische Didaktik 37
4.1. Rezeptionsbedingungen 38
4.1.1. Scaffolding 41
5. Lernzielbereiche 44
5.1. „Attitüdenbildung" 44
5.2. Zielgruppenorientierung 45
5.3. Deutsch als Zweitsprache 45
5.4. Deutsch als Fremdsprache 46
5.4.1. Literatur im Sprachunterricht 47
5.5. Lernziel „interkulturelle Kompetenz" und landeskundliches Wissen 48
6. Kriterien bei der Auswahl literarischer Texte 51
6.1. Die Kanonfrage 51
6.2. Auswahlkriterien 51
6.2.1. Inhaltliche und sprachliche Angemessenheit, Altersgemäßheit 52
6.2.2. Positive Konnotationen oder Provokation? 54
6.2.3. Vergrößerung des Wahrnehmungsfeldes 55
6.2.4. Interkulturelle Perspektive 55
6.2.5. Freude an der Lektüre 56

7. Praktischer Teil: Einleitung 58
7.1. Grundsätzliche Überlegungen zur Didaktisierung von literarischen Texten 59
7.1.1. Vorentlastung 60
7.1.2. Textpräsentation und Textarbeit 61
7.1.3. Erweiterung 65
8. Was sollen wir ihnen zu lesen geben? 69
8.1. Christine Nöstlinger - „Das schriftstellernde Phänomen in der deutschsprachigen Jugendbuch-Szene“ 70
8.2. Christine Nöstlinger: Maikäfer flieg! 72
9. Ganztexte: Drei Unterrichtsskizzen 84
9.1. Friedrich Dürrenmatt: Der Besuch der alten Dame 84
9.2. Peter Handke: Wunschloses Unglück 92
9.3. Gottfried Keller: Kleider machen Leute 103
10. Kurztexte 112
10.1. Alois Brandstetter: Warten 112
10.2. Marie Luise Kaschnitz : Das letzte Buch 113
10.3. Bertold Brecht: Freundschaftsdienste 115
11. Theater- und Dramapädagogik 118
11.1. Beispiel 1: Jacke wie Mantel 119
11.2. Beispiel 2: Vater liest immer die Zeitung 122
12. Gedichte 126
12.1. Ein Gedicht umformen 127
12.2. Variation eines Musters 128
12.3. Ein Gedicht zerschneiden und wieder zusammensetzen 130
12.4. Entflechten zweier miteinander vermischter Gedichte 131
12.5. Zwei Gedichthälften 133
12.6. Lückenhafte Gedichte (Leerstellen) 134
12.7. Analytische Verfahren 136
12.7.2. Eine Moritat 138
12.8. Landeskunde und Literatur: Gedichte für eine Österreich-Landeskunde 140
12.8.1. H.C. Artmann: "Mein Vaterland Österreich" 141
12.8.2. Konstantin Kaiser: "Über meinen Großvater" 143
12.8.3. Ernst Jandl: "wien: heldenplatz" 145
12.8.4. Ernst Jandl: "eine fahne für österreich" Gedicht – Sage – Fachtext 148
13. Migrationsliteratur 154
13.1. Texte von AutorInnen mit Migrationshintergrund 155
13.2. Texte von AutorInnen ohne Migrationshintergrund 155

Nachwort 157
Lösungsschlüssel 158

Vorwort

Dieses kleine Buch entstand aus der Praxis und ist für die Praxis gedacht. Als Germanist traditionellen Zuschnitts – eine DaF-Ausbildung gab es in meiner Studienzeit nicht – gehörte der Literaturunterricht von Anfang an zu meinem Arbeitsgebiet. Und ich muss zugeben, dass er lange Zeit ein Abklatsch dessen war, was ich an der Universität gesehen und gelernt hatte: eine Art Germanistik, wenn auch für ausländische Studierende etwas modifiziert. Befriedigend fand ich meine Versuche, jungen Amerikanerinnen und Amerikanern die deutschsprachige Literatur zu vermitteln, nicht immer.

Anfang der achtziger Jahre begegnete ich Lothar Bredella, der mir im Rahmen eines Fortbildungsseminars am Goethe-Institut Chicago neue Wege der Literaturvermittlung zeigte, die auf der Rezeptionsästhetik beruhten und mir bis dahin nicht bekannt waren. Inzwischen hat Literatur im DaF-Unterricht einen neuen Stellenwert, ja sie ist ein integraler Bestandteil des Faches. Allerdings gelten nicht dieselben Methoden wie im muttersprachlichen Unterricht. Methodisches, das in diesem Lehrbehelf seinen Niederschlag findet, verdanke ich vielen (hoffentlich habe ich sie alle aufgezählt und zitiert): Neben Lothar Bredella habe ich Entscheidendes von Swantje Ehlers, Bernd Kast, Diethelm Kaminski, Ingrid Mummert und manchen anderen gelernt. Ihre Erkenntnisse haben mich überzeugt, ich habe von ihnen vieles übernommen. Überhaupt versteht sich dieses Buch als ein Extrakt, als eine Essenz aus den besten Ideen, die in den letzten zwanzig Jahren entstanden sind und die dazu beigetragen haben, Literatur im DaF-Unterricht attraktiver, vergnüglicher und somit erfolgversprechender zu machen.

Was ich mir so für meinen eigenen Unterricht erarbeitet und gesammelt hatte, durfte ich in den letzten Jahren selbst im Rahmen verschiedener Lehrveranstaltungen und Seminare an (zukünftige) DaF-Lehrer/innen weitergeben. Dabei bemerkte ich immer wieder, dass – trotz aller die Literatur propagierender Publikationen – ihr gegenüber noch immer starke Vorbehalte bestehen („zu hoch für das Sprachniveau", „überwältigt Lernende", „eine Qual zu lesen", „zu großer Aufwand"). Auch fand ich, dass die Erkenntnisse, die sich aus der Rezeptionsforschung ergeben haben, vor allem außerhalb des deutschsprachigen Raums, gar nicht so bekannt sind und auch nicht so allgemein akzeptiert werden, wie man dies annehmen könnte.

So möchte dieses Buch eine Einführung in die Möglichkeiten eines kommunikativ-produktionsorientierten Unterrichts sein, mit einem knappen theoretischen Unterbau und vor allem Beispielen aus der Praxis, die sich bei mir (und anderen) bewährt haben. Es will herkömmliche textanalytische Methoden nicht ersetzen, sondern sie ergänzen. Zugleich will es eine Auseinandersetzung mit wichtigen Veröffentlichungen aus den letzten zwanzig Jahren zu diesem Thema ermöglichen – das Konzentrat soll zum Weiterlesen anregen. Um dies zu erleichtern, finden sich die entsprechenden Literaturhinweise jeweils gleich unmittelbar am Ende eines Abschnitts.

Das Buch soll u.a. mit wichtigen Auswahlkriterien vertraut machen, es soll vor allem Lehrenden mit geringer Erfahrung bei der Arbeit mit Literatur helfen, selbst Texte auszusuchen, dafür in kurzer Zeit Übungsformen zu entwerfen und diese im Unterricht anzuwenden. Zugleich soll es anregen, mit Hilfe der Literatur eigene Wege im DaF-Unterricht zu gehen. Die ausgewählten Beispiel habe ich großteils der Literatur aus Österreich entnommen, sie beschränken sich jedoch nicht darauf. Die Unterrichtsentwürfe sind aber stets übertragbar.

Dank bin ich auch all jenen Studierenden schuldig, die mit mir in den letzten Jahren literarische Texte didaktisieren mussten. Von ihnen habe ich viel gelernt. Viele ihrer Anregungen, ihrer Ideen, aber auch ihre Kritik und Skepsis stecken in dieser Arbeit. Aber ich hoffe, dass es ihnen doch einiges Vergnügen bereitet hat, mit mir die deutschsprachige Literatur zu erleben.

Jürgen Koppensteiner †

Dieses Standardwerk des DaF -Unterrichts wurde in Zusammenarbeit mit Dr. Eveline Schwarz überarbeitet und auf den neuesten Stand gebracht sowie durch Materialien und didaktisierte Texte für den Bereich Deutsch als Zweitsprache ergänzt. Dank gebührt Dr. Wilfried Krenn für seine anregenden und hilfreichen Hinweise, die zur Neuauflage in memoriam Dr. Jürgen Koppensteiner führten.

Mag. Roswitha Koppensteiner Dr. Eveline Schwarz

Graz, im Frühjahr 2012

Statt einer Einleitung: Acht Thesen zum Umgang mit Literatur im DaF-Unterricht

1. *„Nur die Literatur macht den Sprachunterricht erträglich."* (Harald Weinrich)
   Dieser Satz Weinrichs mag überspitzt klingen, enthält jedoch eine grundlegende Wahrheit: Literatur ist immer greifbar, Literatur kann überall gelesen (gehört) werden, Literatur bietet ein stärkeres Reizpotential als jeder Sachtext.

2. *Mit Literatur lassen sich Lernende motivieren.*
   Literatur lockert den Unterricht auf, kann Monotonie entgegenwirken und die Lernenden zum spielerischen Umgang mit der Sprache anregen. Literatur spricht als Träger von Gefühlsäußerungen affektive Lernziele an.

3. *Literaturunterricht soll die SchülerInnen zum Sprechen über ihre Leseerfahrungen motivieren.* (Bredella)
   Nur wenn sich Lernende mit einem Thema identifizieren, werden sie motiviert sein, sich mit literarischen Texten auseinanderzusetzen. Bei richtiger Auswahl bieten literarische Texte sehr viele Redeanlässe.

4. *Literarische Texte sollen nicht nur Spaß machen, sondern zugleich eine intensive Auseinandersetzung mit Sprache sein.*
   Literatur soll nicht für besondere Anlässe in ein Reservat verbannt werden, wo wenig Spracharbeit geschieht. Literatur ist immer Umgang mit Sprache.

5. *Die Arbeit mit literarischen Texten muss lernendenzentriert sein.*
   Die Dominanz der Lehrenden soll zurückgedrängt werden. Den Lernenden soll es ermöglicht werden, ihre Leseeindrücke zur Sprache zu bringen und festzulegen, worüber sie sprechen wollen.

6. *Texte sollen Anlass zum eigenen Sprechen geben.*
   Bei der Arbeit mit Literatur geht es nicht primär um die Vermittlung von Wissen, sondern um die „Ausbildung einer neuen Kommunikationsfähigkeit" (Weber 1984, 69).

7. *Im Umgang mit literarischen Texten ist die Tätigkeit mindestens ebenso wichtig wie das Ergebnis.*
   Eine produktiv-kreative Arbeit mit Literatur bedarf einer ständigen Ermunterung der Lernenden. Es sind dabei keine literaturwissenschaft-

lich relevanten Ergebnisse zu erwarten. Wichtig sind der Spaß an der Sache und eine lockere Atmosphäre.

8. Es gibt keine allgemeingültigen, verbindlichen Interpretationen.
Literarische Texte sind nicht als „sakrosankt" anzusehen. Es geht bei der Beschäftigung mit Literatur im DaF-Unterricht nicht darum, „Germanistik zu zelebrieren".

Literatur:

Weber, Hans: „Literarische Texte im Fremdsprachenunterricht: Gründe und Methoden." In: Heid, Manfred (Hrsg.): *Literarische Texte im kommunikativen Fremdsprachenunterricht: Protokoll eines Werkstattgesprächs des Goethe House New York im September 1984*. New York: Goethe House, 1985. 67-87.

1. Was ist Literatur

Es gibt sehr viele verschiedene Versuche, „Literatur" zu definieren. Der umfassendsten Definition nach ist „alles Geschriebene Untersuchungsgegenstand der Literaturwissenschaft" (Bredella 1989, 46). Dazu gehören Kochrezepte ebenso wie Zaubersprüche, Gesetzestexte, Reden, Briefe, aber auch religiöse und philosophische Schriften und natürlich Gedichte, Dramen, Kurzgeschichten, Romane usw. Die Literaturwissenschaft versteht sich dementsprechend als Teil einer „allgemeinen Kulturwissenschaft" (ibid.).

Für DaF-Lehrende ist dieser erweiterte Literaturbegriff insoferne von Interesse, als er im Bereich der Landeskunde zur Anwendung kommt. Literatur bietet – daran dürfte niemand zweifeln – Einblick in eine fremde Kultur. So werden sich gerade in landeskundlichen Materialsammlungen die verschiedenartigsten (authentischen) Texte finden, seien es Zeitungsartikel, Leserbriefe, Statistiken, Interviews, aber auch Gedichte, Lieder, Kurzprosa und dergleichen, also literarische Texte im weitesten, aber auch im engeren Sinn.

Wenn in diesem Buch von Literatur die Rede ist, sind jedoch nicht Sachtexte gemeint und nicht Texte aus Gebieten wie Theologie, Philosophie oder Geschichte. Gemeint sind vielmehr „literarische Texte" im engeren Sinn, wobei davon auszugehen ist, dass sich diese nicht immer so leicht und eindeutig definieren lassen. Man hat versucht, literarische Texte aufgrund bestimmter stilistischer Merkmale zu bestimmen, stößt dabei aber auf Schwierigkeiten. Einerseits finden sich die für literarische Texte typischen Charakteristika auch in anderen Texten, andererseits sind diese Merkmale nicht in allen literarischen Texten vorhanden.

Der „erfolgreichste Versuch" (ibid.), literarische Texte zu definieren, geht von der Annahme aus, dass es sich um fiktionale Texte handelt. Das Besondere an dieser Definition besteht, wie Bredella schreibt, darin, dass Fiktionalität nicht ein Textmerkmal, sondern eine „bestimmte Einstellung" des Lesers ist (ibid.). Das meistgelesene Buch der Welt, die Bibel, ist so ein Beispiel. Je nach Einstellung kann sie als Wort Gottes, als fiktionaler Text oder als historischer Bericht gelesen werden.

Es gibt unterschiedliche Auffassungen über den Charakter von Fiktionalem. Für manche Literaturwissenschaftler bedeutet es, dass der literarische Text „nicht den Anspruch erhebt, die Wirklichkeit getreu abzubilden" (ibid.). Fiktionalität und Wirklichkeit sind aber keine Gegensätze. Literatur kann demnach als „eine Form der Erkenntnis der Wirklichkeit" (ibid.) oder als „autonome ´Nicht-Wirklichkeit´" (Stierstorfer 2002, 129) gesehen werden.

Nach einer anderen Auffassung beschreibt der literarische Text eine Gegenwelt, eine Phantasiewelt, in der „utopische Vorstellungen und unterdrückte Wünsche“ (Bredella 1989, 46) dargestellt werden.
Eine dritte Auffassung wiederum betont, dass literarische Texte „weder eine tiefere Wirklichkeit noch eine Wunschwelt“ (ibid.) darstellen, sondern die Aufmerksamkeit auf die Sprache selbst lenken wollen. Nur so könne man dem poetischen Charakter der Sprache gerecht werden.
Es ist im Übrigen interessant festzustellen, dass es auch Denkschulen gibt, die den Unterschied zwischen fiktionalen und nicht-fiktionalen Texten negieren und betonen, dass alle Texte, auch die sogenannten Sachtexte, fiktional seien, weil sie mit Sprache eine eigene Welt konstruieren und die Wirklichkeit dem Menschen außerhalb von Sprache nicht zugänglich sei. Dieser Gedanke hat zur Aufwertung literarischer Texte geführt, weil sie Fiktionalität nicht verstecken, sondern offenlegen (vgl. ibid., 47). Stierstorfer meint schließlich: „Was als Literatur im gesellschaftlichen Konsens gilt, ist, auf die Gefahr der Tautologie hin, Resultat des dominanten kulturellen Diskurses in dieser Gesellschaft zu einem gegebenen Zeitpunkt.“ (Stierstorfer 2002, 122)

Literatur:

Bredella, Lothar: Literaturwissenschaft. In: Bausch, Karl-Richard (Hrsg.): *Handbuch Fremdsprachenunterricht*. Tübingen: Francke, 1989, 46-54.

Stierstorfer, Klaus: Literatur und interkulturelle Kompetenz. In: Volkmann, Laurenz/Stierstorfer, Klaus/Gehring, Wolfgang (Hrsg.): *Interkulturelle Kompetenz. Konzepte und Praxis des Unterrichts*. Tübingen: Narr, 2002, 119-141.

2. Literaturtheorien

Ausgehend von Überlegungen, was überhaupt Literatur ist, soll im Folgenden die didaktische Frage nach der Legitimation von Literatur und der Arbeit mit literarischen Texten im DaF-Unterricht aus literaturwissenschaftlicher Sicht angeschnitten werden, wobei es wiederum zweckmäßig ist, einen kurzen Blick in die jüngere Geschichte der Literaturwissenschaft zu werfen.
Es wird die Frage interessieren, ob und inwieweit diese mit den in der Folge angestellten didaktisch-methodischen Überlegungen übereinstimmen.

2.1. New Criticism

Der *New Criticism* ist eine der einflussreichsten Richtungen in der Literaturwissenschaft. Er bestimmte nach dem Zweiten Weltkrieg unter der Bezeichnung *immanente* oder *werkimmanente* Methode die Germanistik. Diese Methode stellt den literarischen Text in den Mittelpunkt der Betrachtung und hält es für falsch, sowohl die Intentionen des Autors/der Autorin als auch die Reaktionen der LeserInnen für seine Bewertung heranzuziehen. In ihrem berühmt gewordenen Aufsatz *The Verbal Icon* (Wimsatt und Beardsly 1954) haben die Amerikaner William Wimsatt und Monroe Beardsly erklärt, dass diejenigen Interpreten, die sich den Leserreaktionen zuwenden, einer *Affective Fallacy*, also einer Gefühlstäuschung, unterliegen.
Der *New Criticism* zieht eine scharfe Trennung zwischen dem, was der literarische Text ist, und dem, was er hervorruft. Die Reaktion der Lesenden liegt für die VertreterInnen dieser Theorie außerhalb des Textes und ist daher willkürlich. Es stellt sich somit die Frage, ob der *New Criticism* dem Lese- und Verstehensprozess gerecht wird. Er will eine objektive, positivistische, Literaturwissenschaft begründen, in der der literarische Text als Kunstwerk im Mittelpunkt steht und in der ausschließlich aus dem Text gewonnene Erkenntnisse gelten. Sozio-historische Hintergrundstudien aber auch Motivgeschichte sowie biographische und psychologische Ansätze lehnt er ab.

2.2. Ideologiekritische Literaturwissenschaft

Die ideologiekritische Literaturwissenschaft bedeutet in gewisser Hinsicht eine Rückkehr zu Positionen vor dem *New Criticism*. Während dieser die

Literatur aus allen gesellschaftlichen Positionen herausgelöst hat, wird nun der literarische Text in einen geschichtlich-gesellschaftlichen Zusammenhang gestellt. Allerdings geht es dabei nicht einfach um die Erklärung eines Kontexts, sondern, wie die Bezeichnung klar macht, um Kritik. Die ideologiekritische Literaturwissenschaft will die ideologische Funktion des literarischen Textes „entlarven" (Bredella 1989, 48). Nach Marcuse hat die „bürgerliche Epoche die geistig-seelische Welt als ein selbständiges Wertreich" (ibid.) von der „tatsächlichen Welt des alltäglichen Daseinskampfes" abgetrennt. Diese Trennung sorge dafür, dass die Kultur eine affirmative Funktion bei der Aufrechterhaltung der bürgerlichen Herrschaftsverhältnisse habe und vom Elend der Menschen ablenke. Dies sei mit Hilfe der Ideologiekritik zu überwinden (vgl. ibid.).
Was nun die didaktische Frage betrifft, so lenkt die ideologiekritisch ausgerichtete Literaturwissenschaft und Literaturdidaktik die Aufmerksamkeit auf die gesellschaftliche Funktion der Literatur. Die Lektüre literarischer Texte ist nur dann legitim, wenn diese eine „progressiv-kritische" Funktion erfüllen. Ansonsten hat sie die Aufgabe, gegen die Literatur zu „immunisieren" (Gründwaldt, zitiert nach Bredella 1989, 48).

2.3. Strukturalistische Literaturwissenschaft

Die strukturalistische Literaturwissenschaft wendet sich unter Ausklammerung inhaltlicher Aspekte dem Studium von Form und Struktur literarischer Texte zu. Nicht das Besondere, sondern das Allgemeine verdient Aufmerksamkeit. Der Strukturalismus bezieht sich auf die sprachwissenschaftlichen Erkenntnisse von Ferdinand de Saussure (1857-1913), der sich vor allem mit der Sprache als „System" beschäftigte. Nach dem Muster der Linguistik, der es beispielsweise nicht um das Verständnis eines einzelnen Satzes geht, sondern um die seiner Bildung zugrundeliegenden Regeln, will die strukturalistische Literaturwissenschaft die für die Literatur konstitutiven Regeln und Konventionen ermitteln. Historische, soziologische, biographische und psychologische Aspekte werden – wie beim *New Criticism* – vernachlässigt.
Die Strukturalisten meinen, dass der Vielzahl der textuellen Formen eine Struktur zugrunde liege, die man in kleinste Einheiten zerlegen könne, um dann die Gesetze ihrer Kombination zu erforschen. Vorbild dafür ist die Phonologie, die die Sprache auf eine Anzahl von Phonemen zurückführt. So wie ein Phonem nur durch seine Relation zu einem anderen Phonem bestimmt werde, verhalte es sich auch bei den sprachlichen Zeichen. Die Bedeutung von sprachlichen Zeichen entstehe nicht durch einen „Bezug auf die Dinge" (Bredella 1989, 49), sondern durch ihre „Differenz zu an-

deren Zeichen". Sprache ist nicht ein „Instrument für die Übermittlung vorgegebener Bedeutungen, sondern die Bedeutungen werden selbst erst innerhalb des sprachlichen Systems möglich." (ibid.) Ein Verfahren, das von der Linguistik bekannt ist, wird hier auf die Literatur übertragen.
Vladimir Propp (1895-1970) wendet dieses Verfahren auf russische Volksmärchen an, indem er die Vielzahl der Volksmärchen in einzelne konstitutive Einheiten zerlegt und deren funktionelle Beziehung zueinander bestimmt. An der Oberfläche total unterschiedliche Märchen sieht er als bloße Transformationen ein und derselben Struktur. Nach diesem Verfahren tritt der individuelle Autor in den Hintergrund und „aktualisiert" (ibid.) nur gleichsam die vorhandene Struktur. Der Autor ist nicht so sehr Schöpfer eines eigenständigen literarischen Textes, sondern „Schnittpunkt verschiedener Codes" (ibid.). Der Akt des Schreibens ist keine Inspiration, sondern es geht um bestehende Regeln, nach denen der Autor/die Autorin arbeitet. Ganz ähnlich wird der Verstehensprozess erklärt. Das Anwenden von Konventionen und Regeln führt zu „literarischer Kompetenz" (Culler, zitiert nach Bredella 1989, 49). Ziel des Literaturunterrichtes ist es, bestimmte Interpretationsstrategien zu erlernen und anzuwenden.
Die Schwäche der strukturalistischen Literaturwissenschaft liegt darin, dass sie AutorInnen und LeserInnen gleichermaßen nur als „ein Bündel" (Bredella 1989, 50) von Regeln und Konventionen sieht. Zwar ist die Betonung des Allgemeinen ein gutes Korrektiv zur Überbetonung des Individuellen, wie es beim *New Criticism* der Fall ist, doch berücksichtigt sie nicht die Tatsache, dass AutorInnen letzten Endes schreiben, um individuelle Erfahrungen auszudrücken, und nicht um irgendwelche Muster und Konventionen anzuwenden.

2.4. Dekonstruktivistische Literaturwissenschaft

Der Dekonstruktivismus ist eine Reaktion auf den Strukturalismus. Während der Strukturalismus die Phänomene aus ihrer jeweiligen Stellung in einem System erklärt, meinen die Dekonstruktivisten, besonders der französische Philosoph Jacques Derrida, dass der Strukturalismus sich selbst widerspreche. Nach Derrida gibt es keine Struktur ohne Zentrum, ohne strukturierendes Prinzip. Die Strukturalisten hatten dieses Zentrum geleugnet. Die Dekonstruktivisten meinen dagegen, dass es bereits eine Anordnung einzelner Teile gebe, die der Struktur vorausgehen. Man müsse nun die Struktur dekonstruieren, um die einzelnen Elemente zu befreien. Damit verändert sich auch das Ziel der Interpretation. Es geht jetzt nicht darum, einen einheitlichen Sinn zu konstruieren, sondern im Gegenteil diesen Sinn zu dekonstruieren, um „die Heterogenität und Widersprüchlichkeit der Texte und das freie Spiel ihrer Elemente erfahrbar zu machen" (Bredella 1989, 50).

2.5. Rezeptionsästhetik und Response Theory

Wie schon erwähnt, lehnt der auf dem positivistischen Erkenntnismodell beruhende *New Criticism* jegliche LeserInnenerfahrungen ab. Es geht darum, sehr präzise zu erfassen, wenn möglich sogar quantifizierbar, was „objektiv" gegeben ist. Es sei in diesem Zusammenhang an den Begriff *Affective Fallacy* erinnert. Die Frage ist nun, ob die radikale Ablehnung der LeserInnenreaktionen dem Lese- und Verstehensprozess gerecht wird. Sind die Tätigkeiten und Reaktionen der Lesenden wirklich so willkürlich, wie der *New Criticism* es darstellt? Haben sie wirklich nichts mit der Erkenntnis des Textes zu tun? Sind sie wirklich nur etwas subjektiv Hinzugefügtes?

Die *Rezeptionstheorie* in Deutschland bzw. die *Response Theory* in den USA haben gezeigt, dass die ausschließliche Beschränkung auf den Text unzureichend ist und dem literarischen Text nicht gerecht wird. Die *Rezeptionsästhetik* bzw. *Response Theory* stellt die Reaktionen der Lesenden in den Mittelpunkt. Die Rezeptionsforschung hat festgestellt, dass ein literarischer Text nicht „an sich" existiert und als solcher Selbständigkeit besitzt, sondern nur als rezipierter. Das heißt also nichts anderes, als dass ein Text während des Leseaktes immer wieder neu entsteht. Jede Aussage über einen Text ist dementsprechend keine Aussage über den Text „an sich", sondern eine Aussage über dessen unterschiedliche Rezeption. Unter diesem Gesichtspunkt hat ein Text gewissermaßen „zwei Autoren": einen, der ihn aufschreibt (also der Autor/die Autorin im herkömmlichen Sinn) und einen, der ihn rezipiert (also der Leser/die Leserin).

Der Leser/die Leserin wird, so gesehen, zum Mitautor/zur Mitautorin.

Ein Autor schreibt einen Text, mit dem er bei seinen Lesern etwas bewirken will, sei es Unterhaltung, Spannung, Information, Belehrung usw., und er arbeitet dabei mit bestimmten Mitteln, die diese Wirkung hervorrufen wollen. Er macht den Lesenden ein Angebot, bietet ihnen verschiedene Deutungsmöglichkeiten an, das sogenannte Wirkungs- bzw. Sinnpotential.

Der Text ist also keinesfalls etwas Fertiges. Er existiert nicht wie ein „Gegenstand an sich, er wird erst zum Text durch den Leser" (Bredella 1985, 274). Das Primäre im Lektüreprozess ist nicht der Text, sondern, wie Bredella betont, das, was in der Interaktion zwischen Text und RezipientIn entsteht.

Die Lesenden gehen mit den eigenen Vorerfahrungen an einen Text heran und geben ihm im Rahmen eines vom Autor/von der Autorin vorgegebenen Spielraumes seinen Sinn. Der Text an sich hat noch keine Bedeutung, er bietet nur Möglichkeiten zu einer Bestimmung von Deutung an. Aufgabe des Lesers/der Leserin ist es, diese Möglichkeiten auszuschöpfen. Sie tun dies, indem sie sich selbst einbringen. Die Lesenden lenken das Textverständnis mit ihrem Vorwissen, ihren Erwartungen, Stimmungen usw. und sie bauen Erwartungen auf, die beim Lesen bestätigt werden – oder auch nicht.

Diese Auffassung von Bedeutung widerspricht den traditionellen Methoden im Fremdsprachenunterricht, die davon ausgehen, dass ein Text eine Art „Behälter" sei, dem die RezipientInnen die Bedeutungen entnehmen.

Zu den wichtigen Vertretern der Rezeptionsforschung zählt Stanley Fish. Er hat in vielen Veröffentlichungen darauf hingewiesen, dass wir unsere Aufmerksamkeit nicht auf den Text als Objekt richten dürfen, sondern auf die *responses* des Lesers. Fish verwendet den Begriff *response*, weil es nicht nur um die Wirkung eines Textes auf die LeserInnen geht, sondern um eine Vielfalt von Tätigkeiten und Reaktionen, die notwendig sind, um aus einzelnen Schriftzeichen Sinn entstehen zu lassen.

In dem Zusammenhang ist vor allem auch Wolfgang Iser zu nennen (Iser 1976). Iser hat untersucht, wie ein literarischer Text den Leser/die Leserin motiviert, an der Sinnbildung mitzuwirken, und er zeigt in der Tradition der Hermeneutik verschiedene Textstrategien, die die Tätigkeit des Lesens lenken. Der Begriff der „Leerstelle", der von ihm stammt, ist weitgehend bekannt. Iser greift außerdem auf den Begriff „Unbestimmtheitsstelle" von Roman Ingarden zurück.

Was bedeuten diese beiden Begriffe? Nach Ingarden enthalten literarische Texte „Unbestimmtheitsstellen", die die Lesenden mit ihren konkreten Vorstellungen füllen, wobei Ingarden es den Lesenden weitgehend überlässt, ob sie die Unbestimmtheitsstelle füllen oder offen lassen. Das Verstehen des literarischen Textes werde, meint er, dadurch nicht berührt (vgl. Bredella 1989, 51).

Iser dagegen ist anderer Meinung. Wenn er von „Leerstellen" spricht, meint er das Aufeinandertreffen von zwei Segmenten eines Textes, die die Lesenden motivieren, sie zueinander in Beziehung zu setzen. Solche Leerstellen können entstehen, wenn eine Handlung aus unterschiedlichen Perspektiven dargestellt und bewertet wird oder wenn der Leser/die Leserin zwei widersprüchliche Handlungen eines Charakters in Beziehung setzt (vgl. ibid.). Nach wie vor ist dieses Konzept nicht nur für die Literaturwissenschaft relevant, sondern wird heute auch im Sinn der interkulturellen Kommunikation genutzt (vgl. Stierstorfer 2002, 128).

Die Rezeptionsforschung hatte besonders in den achtziger Jahren des 20. Jahrhunderts sehr großen Einfluss auf die Literaturdidaktik. Die Annahme, dass es eine einzige, verbindliche Interpretation eines Textes gibt, ist durch sie unhaltbar geworden. Es gibt keinen Monopolanspruch mehr auf Interpretationen. Die RezipientInnen bekommen ein ungeahntes Maß an Freiheit, die freilich auch alle möglichen Gefahren in sich birgt. Wer entscheidet schließlich, was eine adäquate, legitime Rezeption ist? Rezeptionsästhetik ist kein Freibrief für Willkür, und eine Interpretation muss über den „Akt des Lesens" hinausgehen.
Bei allen Vorteilen der Rezeptionsästhetik für die Literaturdidaktik gibt es also auch Probleme. Wenn nämlich der Sinn des literarischen Textes erst in der Interaktion entstehe, stellt Bredella mit Recht die Frage, ob jede Deutung eines literarischen Textes als legitim gelten müsse (vgl. Bredella 1989, 52). Damit hängen auch andere Fragen zusammen: Was ist überhaupt das Ziel von Interpretation? Wer ist wichtiger, der Leser oder der Text? Was sind die Lernziele? Auf diese Fragen gibt es unterschiedliche Antworten.
Bredella betont die Notwendigkeit, die „konstitutive Rolle" (ibid.) des Lesers/der Leserin anzuerkennen, zugleich aber weist er darauf hin, dass es das vorrangige Ziel einer Interpretation sein müsse, den Text zu verstehen. Das könnten die RezipientInnen nur tun, wenn sie aktiv und kreativ seien, es bedeute jedoch nicht, dass sie ihre Vorstellungen in einen „amorphen Text" (ibid.) projizieren. Der Text bestimmt, welche Leerstellen zu füllen sind, welche Vorerfahrungen und welches Vorwissen der Leser einbringen muss, wie er sie gleichsam dem Text zur Verfügung stellt und auch wie er sie modifizieren muss. Der Text stellt die Bedingungen, unter denen die Lesenden kreativ werden. Nur dann kann Lesen und Verstehen zu neuen Erkenntnissen und auch zu einem vertieften Selbstverständnis des Lesers führen (vgl. ibid.).

2.5.1. Modelle eines Lesers

In diesem Zusammenhang gibt es einige Fragen, die geklärt werden müssen, in erster Linie die, wer eigentlich „der Leser" bzw. „die Leserin" ist. Die Rezeptionstheorie sieht den Leser/die Leserin als ein theoretisches Konstrukt, als Modell, das es in Wirklichkeit nicht in der Form gibt. Es ist nämlich ein großer Unterschied, ob es sich beim Leser/bei der Leserin um einen deutschsprachigen Literaturkritiker handelt oder eine Studentin, die Deutsch als Fremdsprache (oder Zweitsprache) lernt, und in den USA, in Europa, in einem deutschsprachigen oder nicht-deutschsprachigen Land beheimatet ist. Das Textverständnis von Lehrenden ist sicher anders als jenes von Lernenden, weil es aufgrund anderer Rezeptionsvorgaben zustande kommt. Als solches sollte es auch eingebracht werden – und nicht als verbindliches, einzig richtiges.

Es finden sich verschiedene Modelle von LeserInnen. Eines zum Beispiel spricht von dem „durch den Autor intendierten Leser" (Weber 1977, 7). Er ist eine Parallele zum Erzähler und hat so wie dieser gewisse Eigenschaften. Ein derartiger Ausgangspunkt eignet sich zwar für eine werkimmanente Analyse, Probleme gibt es aber beim nicht-zeitgenössischen Leser, dessen Interesse der Autor ja unmöglich vorhersehen konnte. Das würde in einer Interpretation resultieren, die nur noch „antiquarische Interessen" befriedigen kann (ibid.).

Ein weiteres Modell ist das des „impliziten Lesers" (ibid.). Er besitzt, wie Wolfgang Iser schreibt, „keine reale Existenz, denn er verkörpert die Gesamtheit der Vororientierungen, die ein fiktionaler Text seinen möglichen Lesern als Rezeptionsbedingungen anbietet." (Iser, zitiert nach Weber 1977, 7). Nach Iser ist der implizite Leser ein „Rollenangebot" des Textes, das immer nur selektiv und deswegen historisch und individuell unterschiedlich realisiert wird.

Bernd Kast hat die didaktischen Folgen der Rezeptionsforschung anhand des Märchens der Gebrüder Grimm, „*Hans im Glück*", anschaulich dargestellt, indem er auf die zahlreichen unterschiedlichen, ja gegensätzlichen Deutungen hinweist (vgl. Kast 1984, 13-23). So versteht der Philosoph Ludwig Marcuse das Märchen dialektisch. Glück sei relativ, es liege in jedem selbst. Der Psychiater Ottokar Graf Wittgenstein bewertet das Märchen negativ als den gescheiterten Emanzipationsversuch eines Jugendlichen. Der Jugendliteraturexperte Walter Scherf wiederum beurteilt *Hans im Glück* ebenfalls negativ und sieht es als ein Beispiel für falsche und zum Scheitern verurteilte Mutter-Sohn-Beziehungen. Für den Strafrechtler und Rechtsphilosophen Klaus Lüderssen handelt es sich um eine Metapher für den Selbstbetrug eines Neurotikers, der dadurch Opfer von Betrügern wird. Die Herausgeber eines Lesebuches andererseits interpretieren das Märchen positiv als eine Parabel über Besitz (=Last und Sorge) und Besitzlosigkeit (=Gnade, Freude, Glück). „Der äußeren Besitzlosigkeit entspreche innerer Reichtum." „Das Märchen werde", meinen sie, „meist missverstanden" als „abwärtsführende Stufung: (‚Goldklumpen – Kuh – Schwein – Gans – Wetzstein'); das sei eine falsche Deutung. Die richtige Deutung laute: aufwärtsführende Stufen", „immer größere Entlastung und Befreiung" (Kast 1984, 22).

Kast stellt nun mit Recht die Frage, ob es wirklich so einfach sei, und weist auf die *Geflügelten Worte* Georg Büchmanns hin, der der Meinung ist, „*Hans im Glück*" sei eine appellative Bezeichnung für einen wirklich oder vermeintlich glücklichen Menschen geworden. „‚Wir' verstehen

unter ‚Hans im Glück' demnach einen glücklichen Menschen oder einen Menschen, der glaubt, glücklich zu sein, aber es überhaupt nicht ist" (ibid.).
Was ist nun richtig? Haben die Pädagogen Recht, der Jugendliteraturexperte, der Psychologe? Sind die Meinungen der Experten richtiger oder wichtiger als die der LeserInnen?
Wendet man also die oben besprochene Theorie an, bleibt es den Lernenden überlassen, zu entscheiden, ob Hans, kurzfristig zumindest, ein subjektives Glück genießt oder ob er eine „postmaterielle" (ibid., 29) Einstellung vertritt, in der andere Werte gelten und in der es auf materiellen Reichtum überhaupt nicht ankommt. Das Märchen enthält so viele Unbestimmtheitsstellen oder Leerstellen, die es aufzufüllen gilt. Und die Resultate werden je nach Rezeptionsbedingungen völlig anders sein.

2.6. Die interkulturelle Germanistik

Die interkulturelle Germanistik, die sich seit den 70er Jahren des 20. Jahrhunderts zu einem eigenen Fach entwickelt hat, hat die Diskussion um die Rolle von Literatur im Fremdsprachenunterricht entscheidend geprägt.
Die interkulturelle Germanistik richtet sich vornehmlich an die Auslandsgermanistik und geht von den Begriffen „Eigenkultur" und „Fremdkultur" (Wierlacher 1980, 146) aus. Sie betrachtet die deutschsprachige Literatur als eine „fremdkulturelle", betont die „kultursemantischen" Aspekte und sieht sich als eine „adressatenorientierte Wissenschaft kulturkontrastigen Zuschnitts" (ibid., 154). Einfach ausgedrückt: Ein auf Deutsch verfasster literarischer Text ist außerhalb des deutschsprachigen Raumes ein anderer, fremder Text. Das Verstehen literarischer Texte aus der fremdkulturellen Perspektive unterscheidet sich vom Verstehen innerhalb der Eigenkultur.
Dietrich Krusche illustriert dies an Hand des folgenden Beispiels: Beim Versuch, Studierenden in Sri Lanka mit Hilfe des Gedichtes „Auf dem See" Goethe nahezubringen, bemerkte er eine sehr negative Reaktion seiner GesprächspartnerInnen, die er sich zunächst nicht erklären konnte. Er hatte erwartet, dass Goethes Naturbegriff („Wie ist die Natur so hold und gut") auf Interesse stoßen würde. Allerdings hatte er nicht bedacht, dass in einem tropischen Land die Natur nicht als „hold und gut", sondern als gewalttätig und feindlich empfunden wird. Das Vorverständnis des Lehrers und der Studierenden unterschied sich deutlich und führte zu unterschiedlichen Ansichten über den Text (vgl. Krusche 1988, 8-9).
Heute wird der Anspruch der Interkulturellen Germanistik, kulturbedingte Reaktionen auf Texte zu erforschen, kritisch gesehen. Es ergeben sich

nämlich viele methodische Schwierigkeiten, eindeutig kulturspezifische Merkmale von Rezeption festzumachen, Merkmale, die nicht auch individuell oder gruppenspezifisch sein können (vgl. Ehlers 2010, 1534).

2.7. Literaturwissenschaft als Kulturwissenschaft

Seit den 1990er Jahren hat sich ein neues Landeskundekonzept im Fremdsprachenunterricht durchgesetzt, das weg vom Aufzählen von Daten und Fakten und hin zum Verstehen von Angehörigen der Zielsprachenkultur geht. Dazu gehören Fragen nach dem Warum von Ereignissen und Verhaltensweisen, nach der geschichtlichen Dimension von Geschehnissen und das Bewusstmachen von Vorurteilen und Haltungen. (Vgl. Ehlers 2010, 1535)

In diesem Zusammenhang kommt dem Einsatz literarischer Texte eine besondere Bedeutung zu, weil diese die Unterschiede zwischen eigener und fremder Kultur besonders verdeutlichen und einen subjektiven Zugang zu fremdem Handeln und Denken anbieten, wobei „insbesondere der Aspekt der kulturellen Implikationen literarischer Texte, die lebensweltlichen Bezüge in der Literatur und der kulturell geprägten Rezeptionen" (ibid.) von Bedeutung sind.

Ein Beispiel soll verdeutlichen, was mit kulturellen Implikationen gemeint ist: In Alfred Komareks Roman „Polt muß weinen" wird erwähnt, dass einer der Protagonisten eine Krankenkassenbrille trägt. Die vordergründige Bedeutung des Wortes selbst kann, auch wenn es noch nicht bekannt ist, leicht erschlossen werden: Es ist ein Kompositum aus „Krankenkasse" und „Brille", also eine Brille, die von der Krankenkasse bezahlt wird. Was ist aber die kulturelle Bedeutung, die hinter dem Wort steht? „Krankenkassenbrille" impliziert, dass sie nicht sehr modisch ist, dass sich der Träger dafür entschieden hat, weil er entweder auf Mode keinen Wert legt oder weil er sich keine andere Brille leisten kann. In Staaten, in denen es vielleicht keine Krankenversicherung gibt oder in denen die Krankenkasse grundsätzlich alle Lesehilfen bezahlt oder in denen man froh ist, wenn man überhaupt eine Brille bekommt, wird die vordergründige Bedeutung des Wortes zwar erschlossen, die kulturellen Implikationen, die das Wort transportiert, bedürfen allerdings einer Erläuterung. Solche Erläuterungen gibt es aber oft nur, wenn die Lernenden nachfragen, wenn sie in der Lektüre innehalten. Wenn sie der Meinung sind, ohnehin „alles verstanden zu haben", unterbleiben sie oft.

2.8. Die interkulturelle Literaturdidaktik

Die interkulturelle Literaturdidaktik entwickelte sich parallel zum kulturwissenschaftlichen Ansatz.
„Sie subsumiert eine Reihe von Ansätzen, denen gemeinsam ist, dass sie das Aufeinandertreffen verschiedener Kulturen in sprachlicher, biographischer und inhaltlicher Hinsicht mit den vielen Kontakt- und Überschneidungssituationen thematisiert." (Ehlers 2010, 1536)
Sie beschäftigt sich z. B. mit der Darstellung von kulturell fremden Welten und Kulturkontakten und ihren Folgen. Autorinnen und Autoren, die in einer fremden Sprache schreiben, die Angehörige von Minderheiten oder MigrantInnen sind, stehen im Mittelpunkt des Interesses. Die interkulturelle Literaturwissenschaft legt den Fokus auf Migrationsliteratur, postkoloniale Literatur, Exil- und Reiseliteratur sowie Kinder- und Jugendliteratur, in der kulturelle Fremdheit aus der Perspektive des Kindes dargestellt wird (vgl.ibid.).
„Das Studium von Weltliteratur könnte das Studium der Art und Weise sein, in der Kulturen sich durch ihre Projektion von ´Andersheit´ (an-) erkennen.", meint Bhabha und fordert als Themen einer neuen Weltliteratur „transnationale Geschichten von Migranten, Kolonisierten oder politischen Flüchtlingen" (Bhabha 2000, 18).
Heidi Rösch konstatiert die Entwicklung von einer Didaktik des Fremdverstehens zu einer des interkulturellen Verstehens in der Gegenwart und im Zuge dieser Entwicklung ortet sie eine Aufgabenerweiterung der Fremdsprachendidaktik vom Fremden auf die Reflexion des Eigenen.

> Interkulturelles Verstehen literarischer Texte muss demnach den Spannungen zwischen Innen- und Außenperspektive gerecht werden oder anders formuliert: Das Fremde ist ohne das Eigene nicht zu verstehen; eng verzahnt mit kultureller Fremdreflexion ist kulturelle Selbstreflexion. (Rösch 2004, 98)

Interkulturelles Lernen ist nur möglich, wenn man bereit ist, „die eigenen kulturellen Hintergründe in Auseinandersetzung mit Fremden und Fremdem in Frage zu stellen, gegebenenfalls auch zu verändern." (Ibid.) Es kann bezweifelt werden, ob es möglich oder überhaupt wünschenswert ist, die eigenen kulturellen Hintergründe zu verändern, sind kulturelle Wertvorstellungen doch weitgehend bereits in der Kindheit vermittelt worden. Man kann sie aber hinterfragen und sich des Eigenen wie des Fremden bewusst werden. In diesem Sinn bietet die Lektüre literarischer Texte eine gute Gelegenheit, den Perspektivenwechsel zu üben, denn das Lesen und Verstehen dieser Texte ist als dialogischer Prozess zu sehen – ein Herantragen der eigenen, kulturell geprägten Perspektive – auch der

der eigenen kulturellen Schicht – an einen Text, der wiederum die Perspektive des Autors oder der Autorin spiegelt.
Fremdverstehen muss also nicht unbedingt bedeuten, eine „fremde" Kultur zu verstehen, sondern kann auch bedeuten, in der Lage zu sein, die Perspektive zu wechseln, sich in andere Menschen hineinzudenken, auch wenn sie derselben Sprach- und Kulturgemeinschaft angehören wie man selbst. Diese Fähigkeit ist aber unabdingbare Voraussetzung für „interkulturelles" Verstehen. Fremdverstehen besagt ja nichts anderes, als dass wir etwas im fremden Kontext zu verstehen suchen und eine Distanz zum Eigenen gewinnen. Es impliziert die Bereitschaft und Fähigkeit zu Perspektivenwechsel, Perspektivenübernahme und Koordinierung unterschiedlicher Sichtweisen (vgl. Bredella/Meißner/Nünning/Rössler 2000, XIIf).

Literatur:

Bhabha, Homi K.: *Die Verortung der Kultur*. Tübingen: Stauffenburg Verlag, 2000.

Bredella, Lothar: „Literarische Texte im Fremdsprachenunterricht: Gründe und Methoden." In: Heid, Manfred (Hrsg.): *Literarische Texte im kommunikativen Fremdsprachenunterricht: Protokoll eines Werkstattgesprächs des Goethe House New York im September 1984*. New York: Goethe House, 1985, 268-297.

Bredella, Lothar: Literaturwissenschaft. In: Bausch, Karl-Richard (Hrsg.): *Handbuch Fremdsprachenunterricht*. Tübingen: Francke, 1989, 46-54.

Bredella, Lothar/Meißner, Franz-Joseph/Nünning, Ansgar et al., (Hrsg.): Wie ist Fremdverstehen lehr- und lernbar? Vorträge aus dem Graduiertenkolleg *„Didaktik des Fremdverstehens"*, Tübingen: Narr. (= Giessener Beiträge zur Fremdsprachendidaktik), 2000.

Ehlers, Swantje: Literarische Texte im Deutsch als Fremd- und Zweitsprache-Unterricht: Gegenstände und Ansätze. In: Krumm, Hans-Jürgen/Fandrych, Christian/Hufeisen, Britta/Riemer, Claudia (Hrsg.): *Deutsch als Fremd- und Zweitsprache. Ein internationales Handbuch*. Berlin: De Gruyter, 2010, 1531-1544.

Hofmann, Michael: *Interkulturelle Literaturwissenschaft. Eine Einführung*. Paderborn: Wilhelm Fink Verlag, 2006.

Iser, Wolfgang: *Der Akt des Lesens. Theorie ästhetischer Wirkung*. Stuttgart: UTB/W.Fink, 1976, 4. Auflage 1994.

Kast, Bernd: *Literatur im Unterricht Deutsch als Fremdsprache: Methodisch-didaktische Vorschläge für den Lehrer.* München: Goethe-Institut, 1984.

Komarek, Alfred: *Polt muß weinen*. Zürich: Diogenes, 2000.

Krusche, Dietrich: *Die Kategorie der Fremde: Eine Problemskizze*. In: Wierlacher, Alois (Hrsg.): *Fremdsprache Deutsch 1: Grundlagen und Verfahren der Germanistik als Fremdsprachenphilologie.* Uni-Taschenbücher 912. München: Fink, 1980, 47-56.

Krusche, Dietrich: *Kafka in Japan – Goethe am Äquator: Deutsche Literatur im Ausland.* Bonn: Inter Nationes, 1988.

Neuner, Gerhard/Hunfeld, Hans: *Methoden des fremdsprachlichen Deutschunterrichts: Eine Einführung. Fernstudieneinheit* 4. Berlin: Langenscheidt, 1993.

Rösch, Heidi: Migrationsliteratur als neue Weltliteratur? In: *Sprachkunst* XXXV/2004, 89-109.

Schößler, Franziska: *Literaturwissenschaft als Kulturwissenschaft*. Basel, Tübingen: Francke, 2006.

Stierstorfer, Klaus: Literatur und interkulturelle Kompetenz. In: Volkmann, Laurenz/Stierstorfer, Klaus/Gehring, Wolfgang (Hrsg.): *Interkulturelle Kompetenz. Konzepte und Praxis des Unterrichts*. Tübingen: Narr, 2002, 119-141.

Weber, Heinz-Dieter: „Didaktische Folgen der Rezeptionsästhetik." *Der Deutschunterricht. Rezeptionsästhetik* 29.2, 1977, 3-12.

Wierlacher, Alois: Deutsche Literatur als fremdkulturelle Literatur: Zu Gegenstand, Textauswahl und Fragestellung einer Literaturwissenschaft des Faches Deutsch als Fremdsprache. In: Wierlacher, Alois (Hrsg.): *Fremdsprache Deutsch 1: Grundlagen und Verfahren der Germanistik als Fremdsprachenphilologie.* Uni-Taschenbücher 912. München: Fink, 1980, 147-165.

Wimsatt, William K.,/Beardsly, Monroe C.: *The Verbal Icon. Studies in the Meaning of Poetry.* Lexington, KY: University of Kentucky Press, 1954.

3. Literatur im DaF-Unterricht: Pro und Contra

Jede Textsorte weckt bestimmte Erwartungshaltungen bei den RezipientInnen. Eine Gebrauchsanweisung liest man mit anderen Erwartungen als einen Reiseprospekt, einen Liebesbrief anders als einen Zeitungsartikel. Auch literarische Texte unterliegen bestimmten Leseregeln, man muss eine „literarische Lesehaltung" einnehmen. (Vgl. Steinmetz 1996) Bei der Lektüre von fiktionalen Texten müssen die RezipientInnen die vielschichtigen Deutungsmöglichkeiten von einzelnen Begriffen erkennen und interpretieren. Dabei spielen Welt-, Text- und Sprachkenntnisse sowie kulturell geprägte Leseerfahrungen eine ebenso große Rolle wie die Fähigkeit, andere Perspektiven einzunehmen.

3.1. Historischer Exkurs

Eine Einführung in die Literaturdidaktik macht es notwendig, sich der Frage nach der Legitimation und dem Stellenwert von Literatur im Fremdsprachenunterricht im Allgemeinen zuzuwenden. Dabei erscheint es zweckmäßig, mit einem kleinen historischen Exkurs zu beginnen.
Im traditionellen Gymnasium des 19. Jahrhunderts -, dessen Spuren freilich oft bis in die Gegenwart reichen -, bezog Literaturbetrachtung ihre Legitimation im Prinzip aus der Anschauung, dass erst das Befassen mit „Bildungsgütern" die fremdsprachlichen Fächer sichtbar mache, dass die Klassikerlektüre bzw. die philologische „Erklärung" von klassischer Literatur das beste Mittel zur Erlangung von Charakterbildung sei. Die Literatur stellte – und stellt noch immer – eine Art Brücke zwischen den praktischen Forderungen, nämlich dem Erwerb von Sprachkompetenz, und einem anti-utilitaristischen Bildungs- und Kanondenken dar. Bis vor kurzem galt beispielsweise an vielen amerikanischen Universitäten der Sprachunterricht vor allem als Vorbereitung für den Literaturunterricht. Das bedeutete, dass Deutschlernende nach einem Jahr in einem Anfängerkurs bereit sein sollten, den Sprung vom grammatikbezogenen Lehrbuch zum literarischen Werk zu machen. Oder überspitzt formuliert: Nach ein paar Semestern sollten Lernende für die Lektüre des *Faust* oder der *Blechtrommel* bereit sein.
Freilich erwies sich dieser Sprung in die authentische Literatur, wie Johanna Ratych bemerkt, allzu häufig als ein „Sprung ins Ungewisse" (Ratych 1985,50), als ein Sprung **aus** der deutschen Sprache, erkannten doch die Studierenden sehr schnell, dass allein die semantische Bewältigung des ihnen vorgelegten Materials nur unter erheblichem Aufwand von Zeit und

Mühe zu leisten war (vgl. ibid.). Die daraus resultierende Verunsicherung führte häufig dazu, dass das Interesse am Deutschlernen nachließ und das Sprachstudium nach zwei Jahren ganz aufgegeben wurde. Weinrich spricht in diesem Zusammenhang vom „Literaturschock", der dann drohe, wenn nach einem ausschließlich oder überwiegend literaturfreien Anfängerunterricht plötzlich in der Mittelstufe der Literaturunterricht einsetze (vgl. Weinrich 1984, 11). Der Literaturschock lasse sich jedoch vermeiden, indem man von Anfang an Literatur in den Sprachunterricht integriere. Die extreme Betonung der Literatur einerseits und die strikte Trennung von Sprache und Literatur andererseits sollten aufgehoben werden. Einen anderen Weg zur Vermeidung dieses Schocks schlägt Kern mit seinem *literacy based approach* vor, der einem erweiterten Literaturbegriff folgt und grundsätzlich eine stärkere Orientierung an schriftlichen Texten im Sprachunterricht fordert (vgl. Kern 2000).
Wie stellt sich nun die Situation der Literatur im Fremdsprachenunterricht in den letzten Jahrzehnten dar? Nach 1968 findet man eine deutliche Abkehr vom überkommenen Kanon und von Literatur überhaupt. In den siebziger Jahren des 20. Jahrhunderts stand Literatur unter großem Legitimationsdruck. „Schlechte Zeiten für Lyrik" war ein Schlagwort, nicht nur im Unterricht Deutsch als Fremdsprache. Es betraf die Literatur insgesamt, im muttersprachlichen wie im DaF-Bereich. Die meisten der in Deutschland erschienenen Lehrwerke für DaF verzichteten auf literarische Texte. In den 1980er Jahren gab es verstärkte Bemühungen, die Arbeit mit Literatur dem damals modernen kommunikativen Fremdsprachenunterricht anzupassen. So erstellte Hunfeld (1982) das Modell eines „hermeneutischen Literaturunterrichts". „Einen weniger praktisch-utilitaristischen, eher durch bedeutsame Texte angeregten Unterricht. [...] Literatur gilt als offener, wirklichkeitsbezogener, natürlicher, aber nicht willkürlich-beliebiger, also am Text stets geprüfter ´Redeanlass`" (Hellweg 2005, 57). Die Rezeptionsästhetik sowie die interkulturelle Germanistik hatten großen Einfluss auf die praktische Unterrichtsarbeit. Literaturbegeisterte Lehrer und Lehrerinnen „beglückten" ihre LernerInnen in Sprachkursen oft mit literarischen Texten, in der festen Überzeugung, Literatur sei per se für alle wertvoll, wichtig und interessant. Mit der Forderung „literarische Texte dürfen verändert werden" wurde geschnitten und geklebt, umgeschrieben und neu formuliert. Das didaktische Ziel dieser Arbeit blieb den Lernenden aber vielfach verborgen. Bei einem Workshop zum Thema Textarbeit wurde von den teilnehmenden LehrerInnen z. B. festgestellt, dass es zwar unumgänglich sei, ein konkretes Ziel zu definieren, dass darauf aber vielfach vergessen werde (vgl. Schwarz/Kranich, 2002).

3.1.1 Der Gemeinsame Europäische Referenzrahmen (GER)

Im Jahr 2001 wurde vom Europarat der **Europäische Referenzrahmen** für Sprachen veröffentlicht. Er bildet eine gemeinsame Basis für die Entwicklung von Lehrplänen, Prüfungen, Lehrwerken und definiert auch sechs, an Fertigkeiten orientierte, Kompetenzniveaus. Es ist unbestritten, dass der GER ein großer Erfolg ist. Es gibt zurzeit keine Lehrbücher, keine Prüfungen, keine Curricula, die sich nicht an ihm orientieren. In diesem Zusammenhang spielt er natürlich auch für den Einsatz von literarischen Texten eine – fatale (?) – Rolle.
Was empfiehlt der GER bezüglich der Fertigkeit „Lesen" in den einzelnen Kompetenzbereichen?

A1 Ich kann einzelne vertraute Namen, Wörter und ganz einfache Sätze verstehen, z. B. auf Schildern, Plakaten oder in Katalogen.

A2 Ich kann ganz kurze, einfache Texte lesen. Ich kann in einfachen Alltagstexten (z. B. Anzeigen, Prospekten, Speisekarten oder Fahrplänen) konkrete, vorhersehbare Informationen auffinden und ich kann kurze, einfache persönliche Briefe verstehen.

B1. Ich kann Texte verstehen, in denen vor allem sehr gebräuchliche Alltags- oder Berufssprache vorkommt. Ich kann private Briefe verstehen, in denen von Ereignissen, Gefühlen und Wünschen berichtet wird.

B2 Ich kann Artikel und Berichte über Probleme der Gegenwart lesen und verstehen, in denen die Schreibenden eine bestimmte Haltung oder einen bestimmten Standpunkt vertreten. Ich kann zeitgenössische literarische Prosatexte verstehen.

C1 Ich kann lange, komplexe Sachtexte und literarische Texte verstehen und Stilunterschiede wahrnehmen. Ich kann Fachartikel und längere technische Anleitungen verstehen, auch wenn sie nicht in meinem Fachgebiet liegen.

C2 Ich kann praktisch jede Art von geschriebenen Texten mühelos lesen, auch wenn sie abstrakt oder inhaltlich und sprachlich komplex sind, z. B. Handbücher, Fachartikel und literarische Werke.

(nach: http://www.goethe.de/z/50/commeuro/i5.htm)

Erst auf Niveau B2 – das ist Maturaniveau in einer Fremdsprache – wird das Verstehen-Können „zeitgenössischer Prosatexte" verlangt. Erst auf den Stufen C1 und C2 sollen die Lernenden „komplexe Sachtexte und literarische Texte verstehen und Stilunterschiede wahrnehmen" können. Diese Vorgaben sind wohl die Hauptursache dafür, dass heute die Literatur sowohl in den Lehrbüchern als auch im Unterricht ein „stiefmütterliches Dasein" führt (Krenn 2003, 15).
Verantwortlich dafür macht Krenn eben

- überregionale Richtlinien für den Fremdsprachenunterricht,
- die Orientierung derselben an der „kommunikativen Kompetenz",
- die Popularität standardisierter Sprachprüfungen,
- den Referenzrahmen, auf den diese sich beziehen (vgl. ibid., 16).

Sprachunterricht soll sofort und unmittelbar auf den Alltag übertragbar und im täglichen Leben anwendbar sein, die kulturellen Aspekte bleiben oft unbeachtet. Grzesik kritisiert, im Fremdsprachenunterricht gehe es „primär um die fremde Sprache und meist nur hilfsweise auch darum [...], was durch sie mitgeteilt wird." (Grzesik 2005, 28)
Oft wird übersehen, dass der GER – wie schon sein Name sagt – Empfehlungen gibt und keine Gesetze aufstellt. Gerade im Bereich Deutsch als Zweitsprache hat die Praxis gezeigt, dass diese Empfehlungen mitunter nicht zielführend sind. Diese Erkenntnis eröffnet neue und weitere Chancen für den Einsatz von literarischen Texten.

3.2. Argumente gegen Literatur

Argumente inhaltlicher Art

- Die Zahl der literarisch Interessierten ist, hochgerechnet auf die Gesamtbevölkerung, von vornherein eine kleine Minderheit. Dies trifft sowohl auf Deutschland als auch auf Österreich zu (vgl. Herrmann 1984, 22). In Österreich ist das Interesse für Literatur, wie zahlreiche Umfragen und Statistiken beweisen, ausgesprochen gering (vgl. Zeyringer 1992, 37). Nicht zu Unrecht bezeichnet daher der Soziologe Christian Fleck die Literatur in Österreich als „gesamtgesellschaftlich belanglos" und hält die Literaturgesellschaft des Landes für eine „geschlossene" (Fleck 1981, 136).
- Die Mehrzahl der SchülerInnen hat kein Interesse an Literatur. Sie ruft nur Langeweile hervor. In diesem Zusammenhang soll der Begriff „Lesebereitschaft" eingeführt werden. Niemand wird wohl die grundsätzlich positiven Aspekte der Lektüre literarischer Texte bezweifeln, dennoch ist bei vielen Lernenden die Bereitschaft, sich mit ihnen in der Fremdsprache auseinanderzusetzen, nicht sehr groß. Aufgezwungene Lektüre zeitigt nur selten Erfolge, die freiwillige Beschäftigung mit Texten

ist – das kann man zumindest annehmen – lustvoller und damit erfolgversprechender.

- Literarische Texte sind lebensfremd, zu intellektuell oder auch veraltet (vgl. Hofmann 1985, 150).
- Handlungsbezogene Landeskunde kann keine Literatur brauchen. Ulrich Häussermann formulierte die Argumente von pragmatisch ausgerichteten Literaturgegnern überspitzt so:
  Ein Gedicht hilft nicht beim Lösen einer U-Bahn-Karte.
- Literatur liefert keine brauchbaren landeskundlichen Informationen, denn sie verfremdet gerade die Wirklichkeit (Häusserman 1984, 30).

Argumente sprachlicher Art

- Literarische Texte sind sprachlich im Allgemeinen zu schwierig und werden von den Schülern nicht verstanden (vgl. Hofmann 1985, 150). Die literarische Sprache tendiert zu Abweichungen von der Alltagssprache, die Lernenden müssen sich auf einen viel zu anspruchsvollen Umgang mit der Sprache einlassen, auf den sie nicht vorbereitet sind und an dem sie kein Interesse haben.
- In der eingangs erwähnten literarischen Lesehaltung liegt vielfach die Schwierigkeit bei der Lektüre literarischer Texte im Fremdsprachenunterricht. Das „Umdeuten", „Nicht-Wörtlich- Nehmen" muss erst langsam geübt werden.
- Literarische Texte sind „lästig" (Kast 1985, 109), stellen sich quer, sie verpflichten den Leser, etwas zu „(er)finden" (ibid.), was der Autor unterlässt. Die „Literarizität" des literarischen Textes erschwert und verhindert Verstehen. (ibid.)
- Die Lernenden werden gezwungen, eine mindestens dreifache Dekodierleistung zu erbringen. Zur sprachlich-semantischen und sprachlich-ästhetischen kommt noch die kultursemantische. Alois Wierlacher ist sogar der Ansicht, hier lägen die „eigentlichen Schwierigkeiten des fremdsprachlichen Rezipienten deutscher Literatur" (Wierlacher 1980, 147).
  Bereits Ende der 1990er Jahre stellte Westhoff fest:

  > Aus zahlreichen Untersuchungsergebnissen geht hervor, dass Lehrerinnen und Lehrer dazu neigen, das Niveau der Lernenden fast systematisch zu Überschätzen. [...] Wieder andere Untersuchungen haben ergeben, dass nach Abschluss der Schule kaum noch Bücher in einer Fremdsprache gelesen werden. Man hat offensichtlich aus seinen schulischen Erfahrungen den Schluss gezogen, dass das Lesen fremdsprachlicher Texte zu schwierig ist. (Westhoff 1997, 84)

- Literatur, so könnte man die Argumente gegen sie zusammenfassen, ist eine permanente „Infragestellung der Sicherheit" (Kast 1985, 109).

Argumente methodisch-didaktischer Art

- Sprach- und Literaturunterricht schließen einander methodisch aus. Literatur ermöglicht kein befriedigendes Gespräch, keine Kommunikation im Klassenzimmer (vgl. Hofmann 1985, 150).
- Literarische Texte bieten keine oder zu wenig Übungsmöglichkeiten (Grammatik, Wortschatz).

Wie immer man zu diesen Argumenten, die sich mühelos ergänzen lassen, stehen mag, man sollte sie nicht einfach beiseite schieben. Im Gegenteil, sie sind ernst zu nehmen. Eine gewisse Skepsis gegenüber dem Einsatz von Literatur im Sprachunterricht ist angebracht, denn die Abweichungen von der Alltagssprache und der vordergründigen Bedeutung von Wörtern können die Lektüre von literarischen Texten besonders schwierig, allerdings auch besonders spannend machen, also sowohl Frust als auch Lust erzeugen.

3.3. Argumente für Literatur

Argumente inhaltlicher Art

- Beschäftigung mit Literatur muss keinesfalls Langeweile auslösen. Wenn dies der Fall ist, dürfte es in erster Linie daran liegen, dass die falschen Texte ausgewählt wurden. Wenn es sich um „Erlebnistexte" handelt, die zum sprachlichen Niveau der Lernenden passen, die zu einem persönlichen Engagement führen, die Spannung bieten und „Betroffenheit" (Herrmann 1984, 24) auslösen, wird auch keine Langeweile aufkommen. Literarische Texte können darüber hinaus ein Gegengewicht zur „Belanglosigkeit vieler Lehrwerkdialoge bilden" (Butzkamm 1984, 91). Man sollte nämlich nicht vergessen, dass Lehrbuchtexte mitunter eine total „simulierte Welt" (Hunfeld 1994, 27) darstellen. Literarische Texte enthalten Identifikationsangebote für junge Leute, Distanzierungshilfen, Fluchtmöglichkeiten, Heiterkeit, aber auch Tod und Trauer (vgl. Butzkamm 1985, 92). Man sollte nicht zögern, hier ebenfalls das Wort „Lebenshilfe" zu verwenden.
- Literarische Texte enthalten Gesprächsangebote, ebenso Möglichkeiten der Begegnung, und sie bieten einmalige Identifikationsabenteuer. Durch die Intensität, mit der Konfliktsituationen beschrieben werden, fordern sie die Person des Lesers/der Leserin heraus. Gute Literatur hat damit auch „Appellcharakter" (Bieler und Jenkins 1991, 6). Literarische Texte bieten unterschiedliche Modelle des Selbstverständnisses und der Lebensgestaltung an.
- Literarische Texte erweitern die psychologische Wahrnehmungsfähigkeit und fördern die Phantasie (Bieler/Jenkins 1991, 6).

Argumente sprachlicher Art
Häussermann argumentiert:

> Im Vergleich mit populärwissenschaftlichen, halbliterarischen und vor allem Zeitungstexten, die meist schlampig gemacht sind, schreiben Schriftsteller das bessere Deutsch, Arbeit mit literarischen Texten kann, bei der richtigen Auswahl, das Sprachelernen unterbauen. Fast alle literarischen Texte sind gut gebaut, Muster an sauberer Konstruktion, die Wörter sind sorgfältig gesetzt und haben eine besondere Deutlichkeit. (Häussermann 1984, 31)

Häussermanns Argumente, denen großteils zuzustimmen ist, lassen sich ergänzen: Literarische Texte enthalten häufig „wichtige Wortschatzbereiche, die in Sprachlehrbüchern oder Sachtexten nicht vorkommen" (Bieler/Jenkins 1991, 6). Es handelt sich dabei vielfach um abstrakte Begriffe, um Begriffe aus dem Bereich des Denkens und Fühlens. Man sollte diese Wörter, wie es Bieler und Jenkins verlangen, als „willkommene Ergänzung des bisher erlernten Wortschatzes" (Bieler/Jenkins 1991, 8) betrachten, nicht als unnützes, antiquiertes Sprachmaterial. Nicht zuletzt sollte man auf die Schönheit der Sprache, auf die affektive Komponente hinweisen. Zwar ist zuzugeben, dass die Sprache in jedem literarischen Text komplexer ist als in einem sorgfältig geplanten Lehrbuch, doch sollen Lernende schließlich mit der wirklichen Welt konfrontiert und nicht in den Gettos der Lehrbücher eingesperrt werden.

Argumente methodisch-didaktischer Art

- Wenn man vom traditionellen, primär rezeptiven Verhalten ab- und davon ausgeht, dass die traditionelle Textinterpretation nicht die einzige Möglichkeit des Umgangs mit literarischen Texten ist, dass Texte nicht unbedingt „sakrosankt" (Weinrich 1984, 11) sind, dass man mit ihnen alles Mögliche tun kann, dass man vor allem nicht Dichtung „zelebrieren" muss (vgl. Dahrendorf 1985, 132), sondern wenn man statt dessen eine produktiv-innovatorische Einstellung mitbringt (oder mit einfachen Worten: mit der Literatur etwas „machen" will), fällt das Argument von der Unmöglichkeit einer Kommunikation bei literarischen Texten weg. Ein moderner Fremd- und Zweitsprachenunterricht mit Literatur ist sehr wohl möglich. Man muss nur die Literatur entmystifizieren, Berührungsängste abbauen und vor allem stets von der Erkenntnis ausgehen, dass kein Text verfasst worden ist, um nur von Philologen interpretiert zu werden.
- Darüber hinaus bieten literarische Texte – bei richtiger Auswahl – folgende didaktische Vorzüge: Sie sind leichter einprägsam, weniger abnutzbar, „merk-würdiger" (Butzkamm 1985, 5). Außerdem bieten lite-

rarische Texte durch ihr starkes Reizpotential sehr viele Möglichkeiten für sprachliche Reaktionen, für Zustimmung, für Ablehnung und vieles mehr.

- Literatur weist auch einen Weg zur Lösung eines alten didaktischen Problems, nämlich einer Befreiung vom Dilemma des Artifiziellen. Das Unbefriedigende am Sprachunterricht ist ja häufig die Trivialität der Text- und Übungsangebote in manchen Lehrbüchern. Literatur bietet einen Weg aus der Künstlichkeit von Übungsreihen zur Alltagskommunikation. Krenn meint daran anknüpfend, dass sich gerade deshalb „mit Hilfe literarischer Texte schneller und effizienter relevantes Können und Wissen erwerben lässt als mit Hilfe anderer Textsorten." (Krenn 2003, 23)
- Was schließlich die Behauptung angeht, Literatur sei eine permanente Infragestellung der Sicherheit, so gibt Kast darauf eine Antwort. In Abwandlung eines Wortes des Mainzer Philosophen Richard Wisser, Literatur befrage, „was für selbstverständlich gehalten und daher fraglos angenommen und hingenommen wird", kommt er zur Erkenntnis: „Wer Sicherheit sucht, wird sie auch finden. Und er findet fortwährend Bestätigungen und Versicherungen seiner gefundenen Sicherheit" (Kast 1984, 109f). In der vermeintlich „unsicherheitsstiftenden Rolle" der Literatur liegt nach Kast zugleich eine Chance, die wir wahrnehmen sollen (vgl. ibid., 110). Freilich dürfen die Schwierigkeiten keine unüberwindlichen Belastungen werden. Aber um das zu verhindern, gibt es eine Reihe von Möglichkeiten, Literatur im Unterricht zu präsentieren.
- Literatur ist immer greifbar. Nicht alle Lernenden sind in der Lage, ein deutschsprachiges Land zu besuchen, wirklich Deutsch zu sprechen, zu hören. Bücher sind dagegen überall vorhanden bzw. können relativ leicht beschafft werden.
- Literarische Texte eignen sich, weil sie bewusst gestaltet sind, besonders gut für das in einer Fremdsprache übliche langsame Lesen.
- Literarische Texte sind ein ganz „wesentlicher Teil der zielsprachigen Geisteswelt und damit auch der Landeskunde" (Bieler/Jenkins 1991, 6). Hier kann der Bogen zum GER gespannt werden. Auch der Europäische Referenzrahmen fordert unter dem Stichwort „Sprachenpolitische Ziele" „ein besseres und tieferes Verständnis für die Lebensart und die Denkweisen anderer Menschen und für ihr kulturelles Erbe zu gewinnen". (nach: http://www.goethe.de/z/50/commeuro/i5*)
- Mit dem bei der Rezeption literarischer Texte erforderlichen Perspektivenwechsel ist ein wichtiger Schritt in Richtung Fremdverstehen getan:

> Lesen heißt also, sich auf die in einem literarischen Text enthaltenen fremden Perspektiven einzulassen. Einfühlsamkeit und Perspektivenwechsel erfordern stets aber auch die Bereitschaft, die fremde Perspektive ernst zu nehmen und

> die eigene Sichtweise zu relativieren. Damit, so die literaturdidaktische Argumentation, beginnt im Leseprozeß ein Dialog zwischen vertrauten und ungewohnten Positionen, in dessen Verlauf die Distanz zwischen eigener und fremder Kultur abgebaut und dadurch Fremdverstehen gefördert werden kann. (Sommer 2000, 25)

Dazu und zu den oben erwähnten Gedanken von Kast passt die folgende Aussage von Peter Handke:

> Es ist die Literatur, die das Bild eines Landes bestimmt, gerade indem sie allen fertigen Bildern mit Hartnäckigkeit und sanfter Gewalt widerspricht; sie verhindert das traurige Wort Ende über dem Bild von einem Land; wie sie zeigt, dass kein Mensch schon ein Bild von einem Menschen ist, so zeigt sie zugleich, dass ein Land, das sich selber als Bild von einem Land will, kein Raum für lebende Menschen ist. (Handke 1978, 7)

3.4. Wer lernt warum Deutsch?

Ein Aufsatz von Weinrich aus den späten achtziger Jahren des 20. Jahrhunderts heißt „Deutsch für Köpfe" (Weinrich 1988, 86-91). Er setzt sich mit der Situation der deutschen Sprache weltweit auseinander und zieht die nüchterne Bilanz, Deutsch könne es mit der englischen Konkurrenz nicht aufnehmen. „Geben wir also dem Englischen, was des Englischen ist, und dem Deutschen, was nach wie vor des Deutschen sein kann" lautet sein Plädoyer, denn eine vorwiegend pragmatische Zielsetzung für das Erlernen der deutschen Sprache beruhe auf einem krassen Denkfehler, da sie für die internationale Kommunikation nicht benötigt werde. Eine Forderung Weinrichs lautet: „Der Unterricht des Deutschen sollte von Anfang an einen literarischen Charakter tragen" (Weinrich 1988, 89).
Nun gibt es sicher Lernende, die sich die deutsche Sprache aneignen wollen, um Kafka in der Originalsprache lesen zu können. Heute erscheint dieser Ansatz von Weinrich aber sehr elitär und ist unrealistisch, denn es gibt eine Vielzahl von Gründen, warum Menschen die deutsche Sprache erlernen wollen. Die folgende Auflistung von Zielgruppen erhebt keinerlei Anspruch auf Vollständigkeit:

- Schüler und Schülerinnen im Ausland, die Deutsch – meist als zweite – Fremdsprache erlernen.
- Studierende, in deren Curricula das Erlernen einer Fremdsprache im Zeitraum von ein bis zwei Jahren vorgesehen ist.
- Austauschstudierende oder –schülerInnen, die ein oder zwei Semester in einem deutschsprachigen Land verbringen.

- Studierende, die Germanistik studieren.
- Studierende, die eine Ausbildung im Übersetzen und Dolmetschen absolvieren.
- Erwachsene im Ausland, die die Sprache aus beruflichen Gründen erlernen (Stichwort: Wirtschaftskontakte).
- MigrantInnen, die das Leben in einem deutschsprachigen Land bewältigen müssen und Deutschkenntnisse auf einem bestimmten Niveau (B1) nachweisen müssen, um eine Aufenthaltsgenehmigung zu bekommen.
- Kinder von MigrantInnen, die ihre Schullaufbahn in einem deutschsprachigen Land absolvieren.

Wenngleich sich die Methoden der Sprachvermittlung bei diesen Zielgruppen vielleicht nicht grundlegend unterscheiden, so gibt es aber sehr wohl unterschiedliche Schwerpunktsetzungen in der Sprachvermittlung. Der Einsatz von literarischen Texten wird also abhängig sein von der jeweiligen Zielgruppe und ihren Wünschen und Bedürfnissen, wenngleich er in nahezu allen Gruppen möglich und wünschenswert ist. Die Gründe für den Einsatz sind aber unterschiedlich. Dem muss die didaktische Aufbereitung Rechnung tragen. Wie das im Konkreten aussehen kann, zeigt der praktische Teil dieses Buches.

Literatur:

Bieler, Karl-Heinz/Jenkins, Eva-Maria: „Didaktische Vorüberlegungen" zu Joseph von Eichendorff. *Aus dem Leben eines Taugenichts.* Bearbeitet von Karl-Heinz Bieler in Zusammenarbeit mit Eva-Maria Jenkins. Lehrerheft. München: Klett Edition Deutsch, 1991, 5-7.

Butzkamm, Wolfgang: Literarische Texte als Sprachlerntexte. In: Heid, Manfred/Referat 41 des Goethe-Instituts München (Hrsg.): *New Yorker Werkstattgespräch 1984: Literarische Texte im Fremdsprachenunterricht*. New York: Goethe House, 1985, 89-105.

Dahrendorf, Malte: Die Verwendung von Texten der Kinder- und Jugendliteratur (KJL) im Fremdsprachenunterricht (FU), zum Beispiel: Deutsch als Fremdsprache. In: Heid, Manfred/Referat 41 des Goethe-Instituts München (Hrsg.): *New Yorker Werkstattgespräch 1984: Literarische Texte im Fremdsprachenunterricht*. New York: Goethe House, 1985, 122-154.

Fleck, Herbert: Literatur als moralische Schizophrenie. In: Seuter, Harald (Hrsg.): *Die Feder, ein Schwert? Literatur und Politik in Österreich*. Graz: Leykam, 1981, 102-112.

Gemeinsamer Europäischer Referenzrahmen http://www.goethe.de/z/50/commeuro/i5.htm (besucht: 24. 8. 2011)

http://www.sprachzertifikat.org/sprachzertifikate-informationen/gemeinsamer-europaeischer-referenzrahmen-ger.html (besucht: 24. 8. 2011)

Grzesik, Jürgen: *Texte verstehen lernen. Neurobiologie und Psychologie der Entwicklung von Lesekompetenzen durch den Erwerb von textverstehenden Operationen*. Münster, New York, München, Berlin: Waxmann, 2005.

Handke, Peter: Vorwort. In: Jung, Jochen (Hrsg.): *Glückliches Österreich: Literarische Besichtigung eines Vaterlands*. Salzburg: Residenz, 1978, 7.

Häussermann, Ulrich: Pro und contra Literatur im Unterricht Deutsch als Fremdsprache." In: Völker, Kristin/Häussermann, Ulrich/Herrmann, Karin (Hrsg.): *Literarische Texte in der Unterrichtspraxis I: Seminarbericht*. München: Goethe-Institut, 1984, 30-32.

Heid, Manfred: Referat 41 des Goethe-Instituts München (Hrsg.): *New Yorker Werkstattgespräch 1984: Literarische Texte im Fremdsprachenunterricht*. New York: Goethe House, 1985.

Hellwig, Karlheinz: *Bildung durch Literatur. Individuelles Sinnverstehen fremdsprachiger Texte. Eine literaturdidaktische Tour d´Horizon*. Bern: Peter Lang, 2005.

Herrmann, Karin: Warum Literatur im Unterricht „Deutsch als Fremdsprache" im Ausland? In: Völker, Kristin/Häussermann, Ulrich/Herrmann, Karin (Hrsg.): *Literarische Texte in der Unterrichtspraxis I. Seminarbericht*. München: Goethe-Institut, 1984, 22-28.

Hofmann, Helmut: Zur Integration von literarischen Texten in einem kommunikativen Sprachunterricht. In: Edelhoff, Christoph (Hrsg.): *Authentische Texte im Deutschunterricht: Einführung und Unterrichtsmodelle*. München: Hueber, 1985, 150-158.

Hunfeld, Hans: „Lehrbuchtext und Literatur im Anfangsunterricht DaF." In: Hunfeld, Hans (Hrsg.): *Literatur als Sprachlehre: Ansätze eines hermeneutisch orientierten Fremdsprachenunterrichts*. Berlin: Langenscheidt, 1994, 18-27.

Hunfeld, Hans: „Nur sprechen lernen, aber nichts zu sagen haben?" In: Hunfeld, Hans (Hrsg.): *Literatur als Sprachlehre: Ansätze eines hermeneutisch orientierten Fremdsprachenunterrichts*. Berlin: Langenscheidt, 1994, 34.

Kast, Bernd: „Literarische Texte als Sprachlerntexte." In: Heid, Manfred/Referat 41 des Goethe-Instituts München (Hrsg.): *New Yorker Werkstattgespräch 1984: Literarische Texte im Fremdsprachenunterricht*. New York: Goethe House, 1985, 106-121.

Kern, Richard: *Literacy and Language Teaching*. Oxford: University Press, 2000.

Krenn, Wilfried: Garnierung oder Hauptgericht? Überlegungen zum Einsatz literarischer Kurztexte im Unterricht Deutsch als Fremdsprache. In: Krumm, Hans-

Jürgen/Portmann-Tselikas, Paul R. (Hrsg.): Theorie und Praxis. *Österreichische Beiträge zu Deutsch als Fremdsprache in Österreich*. 6/2002. Innsbruck: Studienverlag, 2003, 15-40.

Krusche, Dietrich/Krechel, Rüdiger: *Anspiel: Konkrete Poesie im Unterricht Deutsch als Fremdsprache*. Bonn: Inter Nationes, 1984.

Mummert, Ingrid: Literatur macht Spaß – auch in der Fremdsprache: Überlegungen zu einem kommunikativen Umgang mit fremdsprachiger Literatur. In: Völker, Kristin/Häussermann, Ulrich/Herrmann, Karin (Hrsg.): *Literarische Texte in der Unterrichtspraxis I. Seminarbericht*. München: Goethe-Institut, 1984, 33-46.

Ratych, Johanna K: Zwei Jahrzehnte literarischer Lehrbücher: Versuch eines Überblicks. In: Heid, Manfred/Referat 41 des Goethe-Instituts München (Hrsg.): *New Yorker Werkstattgespräch 1984: Literarische Texte im Fremdsprachenunterricht*. New York: Goethe House, 1985, 49-66.

Schwarz, Eveline/Kranich, Karin: Interkulturelle Kompetenz in der Auseinandersetzung mit „fremden Textwelten". Literatur im (universitären) Fremdsprachenunterricht." In: Krumm, Hans Jürgen/Portmann-Tselikas, Paul (Hrsg.): *Theorie und Praxis. Österreichische Beiträge zu Deutsch als Fremdsprache*, 6/2002, Innsbruck: Studienverlag, 2003, 149-165.

Sommer, Roy: Fremdverstehen durch Literaturunterricht: Prämissen und Perspektiven einer narratologisch orientierten interkulturellen Literaturdidaktik. In: Bredella, Lothar/Christ, Herbert/Legutke, Michael (Hrsg.): *Fremdverstehen zwischen Theorie und Praxis. Aus dem Graduierten-Kolleg „Didaktik des Fremdverstehens"*, Tübingen: Narr, 2000, 18-42.

Steinmetz, Horst: *Moderne Literatur lesen. Eine Einführung*. München: Beck, 1996.

Weinrich, Harald: „Deutsch für Köpfe". In: *Die politische Meinung* 32, 1988, 86-91.

Weinrich, Harald: „Die vernachlässigte 'Fertigkeit': Literarische Lektüre im Fremdsprachenunterricht." In: Völker, Kristin/Häussermann, Ulrich/Herrmann, Karin (Hrsg.): *Literarische Texte in der Unterrichtspraxis I. Seminarbericht*. München: Goethe-Institut, 1984, 11-13.

Westhoff, Gerard: *Fertigkeit Lesen*. Fernstudieneinheit 17, München, 1997.

Wierlacher, Alois: Deutsche Literatur als fremdkulturelle Literatur: Zu Gegenstand, Textauswahl und Fragestellung einer Literaturwissenschaft des Faches Deutsch als Fremdsprache. In: Wierlacher, Alois (Hrsg.): *Fremdsprache Deutsch: Grundlagen und Verfahren der Germanistik als Fremdsprachenphilologie*. Band I. München: Fink, 1980, 146-165.

Zeyringer, Klaus: *Innerlichkeit und Öffentlichkeit: Österreichische Literatur der achtziger Jahre*. Tübingen: Francke, 1992.

4. Rezeptionsästhetische Didaktik

Zu denjenigen, die die Ergebnisse der Rezeptionsforschung schon sehr früh auf ihre Relevanz für die Didaktik des (muttersprachlichen) Deutschunterrichts überprüft haben, zählt vor allem Heinz-Dieter Weber.
Weber weist darauf dahin, dass die rezeptionsästhetische Methode überraschend schnell ihren Einzug in Lehrpläne, Unterrichtsmodelle, Schulbücher und didaktische Materialien aller Art gehalten habe. Dies gilt auch in sehr hohem Maß für literaturdidaktische DaF-Materialien, die seit etwa Anfang der achtziger Jahre entstanden sind.
Weber stellt drei wichtige Fragen, was die Relevanz der Rezeptionsforschung für die Didaktik des Deutschunterrichts betrifft:

(1) Was leisten rezeptionsästhetische Ansätze für das Verständnis des Rezeptionsverhaltens von SchülerInnen und für die Analyse der Literaturvermittlung in Schule und Unterricht?
(2) Welche Konsequenzen haben sie für die Lernzielbestimmungen des Literaturunterrichts?
(3) Welche Methoden und Gegenstände lassen sich inhaltlich transferieren und zum Gegenstand des Literaturunterrichts machen (Weber 1977, 4)?

Lothar Bredella und Eva Burwitz-Melzer haben in einem umfangreichen Werk eine auf der Rezeptionsästhetik beruhende Literaturdidaktik vorgestellt, in der sie sich gegen die reine Lernendenzentrierung des Konstruktivismus stellen. Im Gegensatz dazu plädieren sie für eine interpretative Didaktik.
„Diese stellt das zu interpretierende Phänomen in den Mittelpunkt, wobei selbstverständlich auch darauf zu achten ist, dass es die jeweiligen Lernenden weder über- noch unterfordert." (Bredella 2004, 7) Die Lernenden sollen die Sichtweise des Textes erfassen und ihn nicht nur als Anregung für eigene Gedanken nutzen. (Vgl. ibid., 9) Bredella und Burwitz-Melzer wenden sich gegen den Konstruktivismus und literaturtheoretische Richtungen, die „die Intention des Autors und die Intention des Textes als irrelevant ausklammern, um die Macht des Lesers zu erhöhen." (ibid., 14)
Als Grundlagen der rezeptionsästhetischen Literaturdidaktik nennt Bredella

- das Einnehmen der Innenperspektive und die Entwicklung von Empathie (ibid., 38ff) sowie
- das Einnehmen der Außenperspektive und die Entwicklung der Urteilskraft des Lesers (ibid., 41ff).

Bei der Lektüre des Textes versetzen wir uns in einen oder in mehrere Charaktere. Dadurch erfahren wir, was es bedeutet, in der Position des Anderen zu sein, wir nehmen eine Innenperspektive ein (vgl. ibid., 39). Allerdings ist das nicht genug, um dem Text gerecht zu werden. Es muss zu einer Interaktion zwischen *top-down* und *bottom-up-* Prozessen kommen, denn:

> Wir sind nicht nur Mitspieler, sondern auch Zuschauer und Beobachter. Wir fühlen nicht nur mit den Charakteren, sondern reagieren auch auf sie, überschreiten damit deren Erfahrungshorizont und beurteilen ihr Verhalten und Handeln. Als Zuschauer können wir auch das sehen, was Charaktere nicht sehen. Insofern steht die ästhetische Erfahrung in der Spannung zwischen Innen- und Außenperspektive bzw. Empathie und distanzierter Beurteilung. (ibid., 79)

Burwitz-Melzer gibt eine Definition des impliziten Lesers:
AutorInnen entwerfen ihre Texte im Hinblick auf ein kompetentes Publikum, „das ihre nuancenreiche Botschaft entschlüsseln und zur vollen Sinnentfaltung bringen kann." (ibid., 202)
Vorausgesetzt werden von ihnen

- lesestrategische Kenntnisse,
- eine umfassende Sprachbeherrschung,
- Weltwissen,
- Vertrautheit mit literarischen Konventionen und rhetorischen Stilmitteln (ibid., 202).

Der implizite Leser liest in der Muttersprache, während das Lesen in der Fremdsprache ein „Prozess mit eigener Gesetzmäßigkeit, eigenen Regeln und einer eigenen Dynamik, die von vielen verschiedenen Variablen bestimmt wird" (ibid., 205), ist.
Wichtig für die Didaktik ist, dass die Erwartungen an die impliziten Lesenden von den Lehrenden erkannt und in Relation zu dem tatsächlich Leistbaren gestellt werden. Dazu gehört auch die Fähigkeit, die stilistischen und strukturellen Merkmale eines literarischen Textes zu identifizieren und zu benennen (vgl. ibid., 137). Denn ohne weltliches und literarisches Vorwissen können die Lesenden nicht in die fiktive Welt eintauchen.

4.1. Rezeptionsbedingungen

Werfen wir einen Blick auf die gesellschaftlichen Rezeptionsbedingungen von Literatur: An erster Stelle steht die nicht mehr neue Erkenntnis, dass die in der Schule eingeübten Rezeptionsweisen von Literatur kaum auf Rezeptionshandlungen außerhalb des Literaturunterrichts übertragen werden können. Daraus folgt, dass die Rezeption von Literatur im „wirklichen" Leben sich anders vollzieht als in der Schule, im Unterricht. Die schulische Rezeption ist in hohem Maße eine künstliche, labormäßige. Die Orientierung der Rezeption läuft auf eine „artikulierbare Interpretation" (Schön 1977, 26) hinaus. Ohne auf die Details von außerschulischer Rezeption einzugehen, sei hier doch auf ein paar interessante Fakten hingewiesen.

Literaturkonsum ist heute gekennzeichnet von *situativer Ubiquität* (ibid., 27). Dies bedeutet, dass Literatur eine Ware darstellt, die überall und total verfügbar ist. Einige auf Schön beruhende Beispiele für Literaturrezeption sollen das verdeutlichen: So wird zum Beispiel jeder zweite Kriminalroman im Bett gelesen, jeder siebente in der Badewanne.

Untersuchungen haben gezeigt, dass Literatur sehr häufig neben anderen Tätigkeiten konsumiert wird, etwa gleichzeitig mit dem Hören von Musik. Literaturrezeption, das weiß man aus vielen Umfragen, ist weitgehend eine „sekundäre Tätigkeit"; genauso weiß man, dass literarische Werke selten als Ganzes rezipiert werden, sondern nur einzelne Elemente daraus. LeserInnen lassen oft bestimmte Teile eines Textes ganz weg. Sie nehmen sich aus einem Text das, was sie wollen. Man spricht von einer „partiellen Rezeption". Lesen, Kultur- und Medienkonsum – das ist aus etlichen Untersuchungen bekannt – gelten als Freizeitbeschäftigungen. Diese „Freizeithaftigkeit des Literaturkonsums" (ibid., 36) hat letzten Endes auch für den DaF-Bereich wichtige Konsequenzen. Wenn das Lesen von Literatur – genauso wie ein Theater- oder Kinobesuch – als Freizeitaktivität gilt, die vom Arbeitsbereich scharf getrennt ist, ist es verständlich, dass der Leser nach einer Minimierung des Aufwandes für die Lektüre strebt. Er will sich ja entspannen. Dieser Wunsch deckt sich aber nicht unbedingt mit dem, was im Unterricht mit Literatur erreicht werden soll. Es sei nur an den Begriff „artikulierbare Interpretation" als eines der Ziele im DaF-Unterricht erinnert. Es ist wichtig, zumindest an die Rezeptionsbedingungen außerhalb des Unterrichts zu denken, sie ins Kalkül zu ziehen, wenn man sich im Unterricht mit Literatur beschäftigen will. Herbert Christ betont dagegen, ein Roman werde anders rezipiert, „wenn er in einer Klasse oder einem Kurs gelesen wird als wenn er im Universitätsseminar besprochen, als Ferienlektüre genossen oder aber von einem professionellen Kritiker analysiert wird." (Christ 2001, 73)

Die Lernenden können sehr wohl unterscheiden zwischen dem Lesen als Freizeitgestaltung und dem Lesen zu anderen Zwecken. Bei einer Umfrage unter 79 StudienanfängerInnen, die sich für ein Fremdsprachenstudium entschieden haben (Karl-Franzens-Universität, Graz, Wintersemester 2010/2011) waren nahezu 100% der Befragten der Meinung, dass sie durch die Beschäftigung mit literarischen Texten ihre kulturelle und sprachliche Kompetenz erweitern können. Die Lernenden schreiben den Texten also eine Lernfunktion zu. Die Lektüre erfolgt nicht aus Gründen der Entspannung oder Unterhaltung, sondern sie soll Erkenntnisse vertiefen. Welche das konkret sind und wie sie gewonnen werden können, ist für die Lernenden allerdings oft nicht so leicht zu durchschauen. Die Wahl und der Vollzug der textverstehenden Operationen ist aber von der jeweiligen Leseabsicht abhängig, denn Leseabsichten

- sind Vorwegnahmen des angestrebten Leseresultats,
- sind entscheidend für die Art des Lesens,
- wirken sich auf die Art und die Intensität des Lesens aus,
- müssen die Funktion erfüllen, das Lernen neuer und nicht nur die Anwendung schon bekannter Operationen zu steuern. (Vgl. Grzesik 2005, 141ff)

Damit ein Text z. B. die Lernfunktion erfüllen kann, müssen bestimmte Voraussetzungen erfüllt sein. Es ist wichtig, dass man alle Informationen des Textes so genau wie möglich mit dem vorhandenen Wissen in Beziehung setzen kann. Voraussetzung dafür ist eine gut ausgebildete Verstehenskompetenz, denn wer „nur wenig, und das auch noch fehlerhaft, versteht, lernt entsprechend wenig und Fehlerhaftes. [...] Deshalb ist das selbständige Lernen aus Texten eine sehr voraussetzungsvolle Tätigkeit und gelingt es meist erst in einem intensiven Studium im größeren Maße." (Grzesik 2005, 26)
Hier setzt die Didaktik ein.
Bredella fordert eine 3-stufige Aufgabenstellung:

1. Allgemeine Interpretationsaufgaben: Diese beschäftigen sich mit dem Setting der Geschichte, der Entwicklung des Plots, den Charakteren, der Erzählinstanz und der Wirkung der Geschichte (vgl. Bredella/Burwitz-Melzer 2004, 164f). Der Zweck dieser allgemeinen Interpretationsaufgaben besteht darin, Beziehungen zwischen einzelnen Textstellen herzustellen, Leerstellen zu füllen, Schlussfolgerungen zu ziehen sowie Implikationen zu entfalten.
2. Interpretationsaufgaben, die sich auf eine Person beziehen.
3. Kreative Aufgaben, die an die Rezeption des Textes anschließen.

Burkwitz-Melzer hebt die Bedeutung des Unterrichtsgespräches hervor, das durch die Favorisierung der kreativen Verfahren im Literaturunterricht der 1990er Jahre in den Hintergrund getreten sei und das eine wichtige Ergänzung und Individualisierung der sprachlichen Ausbildung darstelle. (vgl. ibid., 234ff) Der Gesprächsprozess besteht aus verschiedenen Stufen, die von einer offenen Anfangsphase zu einer strukturierten, produktorientierten Zielphase führen soll. Wichtig ist dabei der schülerInnenzentrierte Ablauf, der von der Lehrkraft kompetent begleitet wird, also nach dem Prinzip des Scaffolding erfolgt.

4.1.1. Scaffolding

Der Begriff „Scaffolding" wurde zum ersten Mal im Jahr 1976 von Wood, Bruner und Ross verwendet und bedeutet „Baugerüst". Dem Lehrer/der Lehrerin kommt im Unterrichtsgeschehen eine wichtige Rolle zu, da er/sie den SchülerInnen Orientierung und Halt bietet. Die Lernenden sollen eine bessere Einsicht gewinnen und lernen, die gewonnenen Informationen „auch umzuformen und in anderen Zusammenhängen zu verwenden" (Bruner 1974, 53). Ziel ist es, dass die SchülerInnen eines Tages ohne Hilfe der Lehrperson Probleme lösen können, denn „Unterricht hat Übergangscharakter" (ibid. 57). Pauline Gibbons betont die Bedeutung der Gruppenarbeit, wobei es ihr wichtig ist, dass jede Gruppe ähnliche, aber nicht identische Aufgabenstellungen bekommt, damit das gegenseitige Berichten sinnvoll wird. Sie spricht in diesem Zusammenhang von „teacher-guided reporting" (Gibbons 2002, 34). Das heißt, der Lehrer/die Lehrerin fragt nach, fordert die SchülerInnen auf, klarer zu formulieren und wiederholt auch das von den SchülerInnen Berichtete in einer sprachlich adäquaten Form.

Im traditionellen Sprachunterricht werden zunächst Wortschatz und Strukturen vermittelt. Es herrscht das Prinzip: Input – Übung – Anwendung. Man geht von der Annahme aus, Sprache müsse zuerst „gelernt" werden, bevor man sie benutzen kann. Vor allem für den schulischen Zweitsprachunterricht bezeichnet Gibbons dieses System aber als problematisch, da die Zielsprache von Anfang an dafür genutzt werden muss, auch Wissen und Einsichten zu erwerben. Deshalb erfolgt hier die Umkehrung des Prinzips: Die neuen Strukturen sind in den jeweiligen Wissenskontext eingebettet, der in diesem Fall zuerst in Kleingruppen erarbeitet wurde. Es handelt sich um ein Sprachmodell, das die „Beziehung zwischen Kontext und Bedeutung thematisiert" (Gibbons 2006, 289).

Was bedeutet das für den Literaturunterricht, wie könnte eine Unterrichtseinheit nach diesem Prinzip aufgebaut sein?

1. In Kleingruppen werden die einzelnen Interpretationsaufgaben besprochen, wobei jede Gruppe ein anderes Thema bekommt, damit die Lernenden beim anschließenden Berichten auch motiviert sind, einander zuzuhören. Die Gespräche in der Kleingruppe werden sich auf einer unteren sprachlichen Ebene bewegen, vielleicht wird auch die gemeinsame Muttersprache verwendet, es werden Fehler

gemacht. Das ist irrelevant. Wichtig ist, dass die Gruppe zu einem Ergebnis kommt.

2. In der nächsten Phase bereitet sich die Gruppe auf ihren Bericht im Plenum vor. Die Lehrerin/der Lehrer gibt z. B. wichtige Begriffe vor (z. B. literarische Beschreibungskategorien), die verwendet werden sollen. So werden die sprachlichen Ressourcen der Lernenden erweitert.
3. In einer dritten Phase wird über die Ergebnisse der Gruppenarbeit im Plenum berichtet, wobei die neuen Begriffe verwendet, erklärt und damit verankert werden sollen. Die Lehrerin/der Lehrer erklärt, fragt nach, wiederholt. Ihre/Seine Rolle kann als „'leading from behind'" beschrieben werden (Gibbons 2002, 47).
4. In einem vierten Schritt werden schriftliche Aufgaben gestellt, die auch in irgendeiner Form „veröffentlicht" werden sollen (Wandzeitung etc.), damit die Lernenden motiviert werden, die Texte in mehreren Schritten zu überarbeiten.

Als Resümee lässt sich feststellen, dass die rezeptionsästhetische Literaturdidaktik dem literarischen Text wieder die ihm gebührende Aufmerksamkeit widmet, wobei aber auch die Rolle des Rezipienten/der Rezipientin eine wichtige Rolle spielt. Erst das Zusammenspiel von Innen- und Außenperspektive ergibt ein Gesamtbild, denn aufgrund der Vieldeutigkeit literarischer Texte kann Interpretation nicht nur subjektiv sein (vgl.Bredella/Burwitz-Melzer 2004, 109). Wenn man lediglich die „eigene Welt" in den fremden Text projiziert, versteht man ihn mitunter nicht oder man versteht ihn falsch.

Literatur:

Abraham, Ulf/Kesper, Matthis: *Literaturdidaktik Deutsch*. Berlin: Schmidt-Verlag, 2005.

Bredella, Lothar/Burwitz-Melzer, Eva: *Rezeptionsästhetische Literaturdidaktik mit Beispielen aus dem Fremdsprachenunterricht Englisch*. Tübingen: Narr (= Giessener Beiträge zur Fremdsprachendidaktik), 2004.

Bredella, Lothar: *Literarisches und interkulturelles Verstehen*. Tübingen: Narr (= Giessener Beiträge zur Fremdsprachendidaktik), 2002.

Bruner, Jerome: Entwurf einer Unterrichtstheorie. In: *Sprache und Lernen,* Bd. 5. Berlin: Berlin-Verlag, Düsseldorf: Pädagogischer Verlag Schwann, 1974.

Christ, Herbert: Texte von innen und Texte von außen oder: Was geschieht mit Texten im fremdsprachlichen Lehr- und Lernprozess? In: Fehrmann, Georg/Klein, Erwin (Hrsg.): *Literarischer Kanon und Fremdsprachenunterricht*. Beiträge zur Tagung des FMF-Nordrhein am 12. September 2000. Bonn: Romanistischer Verlag, 2001, 69 – 88.

Dohrn, Antje: *Leseförderung mit literarischen Texten im DaZ-Unterricht.* Frankfurt et al: Lang (= Europäische Hochschulschriften, Reihe I, 1946), 2007.

Gibbons, Pauline: *Scaffolding Language. Scaffolding Learning. Teaching Second Language Learners in the Mainstream Classroom.* Portsmouth: Heinemann, 2002.

Gibbons, Pauline: Unterrichtsgespräche und das Erlernen neuer Register in der Zweitsprache. In: Mecheril, Paul/Quehl, Thomas (Hrsg.): *Die Macht der Sprachen. Englische Perspektiven auf die mehrsprachige Schule*. Münster, New York, München, Berlin: Waxmann, 2006, 269 – 290.

Grzesik, Jürgen: Texte verstehen lernen. *Neurobiologie und Psychologie der Entwicklung von Lesekompetenzen durch den Erwerb von textverstehenden Operationen.* Münster, New York, München, Berlin: Waxmann, 2005.

Hunfeld, Hans: *Fremdheit als Lernimpuls – Skeptische Hermeneutik – Normalität des Fremden – Fremdsprache Literatur.* Meran: Drava Verlag, 2004.

Kast, Bernd: *Literatur im Unterricht Deutsch als Fremdsprache: Methodisch-didaktische Vorschläge für den Lehrer.* München: Goethe-Institut, 1984.

Koppensteiner, Jürgen: Literatur im DaF Unterricht. Arbeitsvorschläge mittels produktionsorienterter Techniken. In: Krumm, Hans-Jürgen/Portmann-Tselikas, Paul R. (Hrsg.): *Theorie und Praxis. Österreichische Beiträge zu Deutsch als Fremdsprache in Österreich*. 6/2002. *Schwerpunkt DaF-Unterricht veröffentlicht in Zusammenarbeit mit der Österreich Kooperation.* Innsbruck, Wien, München: Studienverlag, 2003, 41-56.

Schön, Erich: „Über einige gesellschaftliche Rezeptionsbedingungen von Literatur". In: *Der Deutschunterricht*. Rezeptionsästhetik. 29.2, 1977, 26-48.

Schmölzer-Eibinger, Sabine: Textkompetenz und schulisches Lernen in der Zweitsprache. In: Krumm, Hans-Jürgen/Portmann-Tselikas, Paul R. (Hrsg.): *Innovationen – Neue Wege im Deutschunterricht.* Innsbruck, Wien, München: Studienverlag, 2005, 179-192.

Waldmann, Günter: *Produktiver Umgang mit Literatur im Unterricht*. Baltmannsweiler: Schneider Verlag Hohengehren, 2010.

Weber, Hans-Dieter: Didaktische Folgen der Rezeptionsästhetik. In: *Der Deutschunterricht*. Rezeptionsästhetik 29.2, 1977, 3–12.

5. Lernzielbereiche

Die Frage nach den Aufgaben der Literatur im DaF-Unterricht wird, wie Kast illustriert, sehr unterschiedlich, ja gegensätzlich beantwortet. Ein Konsens liegt bis heute nicht vor. Einerseits geht es um „die saubere Erfassung der grammatischen Strukturen und der semantischen Nuancen eines Textes" (Erzgräber, zitiert nach Kast 1985, 27), andererseits ist vielen die Koppelung von Sprachunterricht und Literaturunterricht suspekt. Harald Gutschow lehnt die Einbeziehung von Literatur in den Sprachunterricht vehement ab, wobei er nicht bestreitet, dass die Beschäftigung mit Literatur *auch* sprachlichen Gewinn abwerfe. Das sei jedoch lediglich ein „Sekundäreffekt", der den Literaturunterricht nicht rechtfertigen könne (vgl. Kast 1985, 27). Rück spricht von einer „Quadratur des Kreises" bei dem Bemühen, „Spracherwerb durch Literatur zu erzielen" (Rück, zitiert nach Kast 1985, 27). Der Meinung, die Behandlung literarischer Texte diene „*unter anderem*, aber nicht ausschließlich der Erweiterung der Sprachkenntnisse" (Hermes, zitiert nach Kast 1985, 28), kann man sich unbedingt anschließen.
Im Folgenden seien – in Anlehnung an Kast – Lernziele vorgestellt, die bei fiktionalen Texten im DaF-Unterricht eine Rolle spielen können. Sie sind als Möglichkeiten und Angebote zu verstehen, die der Leser/die Leserin aktualisiert oder verwirft, die der Lehrer/die Lehrerin akzentuiert oder vernachlässigt.

5.1. „Attitüdenbildung"

Lesen ist nach Kast „kritische Kenntnisnahme und kritische Sinn-Konstitution und Sinnerfassung" (Kast 1985, 31). Die Auseinandersetzung mit den Inhalten des Gelesenen formt die „Attitüde" des Lesers, beeinflusst und verändert sie. Deswegen ist es nicht gleichgültig, was und wie gelesen wird. Kasts Forderung, nur Texte zu lesen, die den LeserInnen „etwas zu sagen haben, die ihren Wünschen und Bedürfnissen entgegenkommen, die Identifikation und Projektion zulassen" (ibid.) sollte als selbstverständlich akzeptiert werden (ist es aber nicht immer). Ebenso ist der Ansicht zuzustimmen, Texte sollten so gelesen werden, dass „kritische Distanz" möglich ist, dass „Wirkung auf den Leser" nicht ausgeschlossen wird und „Reflexion über das Gelesene und dessen Wirkung" stattfindet (ibid.).
Attitüdenbildung bedeutet im übrigen – das stellt Kast klar – kein „unmittelbar mess- und abrufbares Wissen" (Kast 1985, 31), ist aber ein wichtiger Prozess, der Einstellungen prägt und das Verhalten und die moralische Urteilsfähigkeit beeinflusst, Selbstverständlichkeiten hinterfragt und Si-

cherheiten erschüttert (vgl. ibid.). Attitüdenbildung leistet einen Beitrag zur Aufgabe, „gegenwärtige und zukünftige Situationen bewältigen zu lernen" (ibid.).

5.2. Zielgruppenorientierung

Es wurde bereits festgestellt, dass es „den" Deutschunterricht schlechthin nicht gibt, sondern eine Vielzahl von Zielgruppen mit ebensovielen unterschiedlichen Bedürfnissen.

> Mit den Kontexten ändert sich die didaktische Analyse ein und desselben literarischen Textes, da ein Text je nach kulturellen Voraussetzungen und individueller Interessenlage der Zielgruppe verschiedene Anknüpfungsmöglichkeiten an Erfahrungen und Alltagwissen von Lernern bietet und andere Inhaltsaspekte eine Relevanz gewinnen, um Fremdheiterlebnisse auszulösen, zu vergleichen und, im Wechsel mit Eigenem und Fremdem, Verstehensmöglichkeiten zu erweitern. (Ehlers 2010, 1533)

In den letzten Jahren kam es zu einer Aufsplitterung in die Bereiche Deutsch als Fremdsprache (DaF) und Deutsch als Zweitsprache (DaZ). „Zweitsprache" bezeichnet die Verkehrssprache eines Landes, wenn diese eine andere ist als die Erstsprache des/der Sprechenden. „Zweitsprachen" sprechen Personen mit Migrationshintergrund, aber auch Angehörige von Volksgruppen.
Eine „Fremdsprache" erlernt man außerhalb ihres normalen Verwendungsbereiches – gewöhnlich im Unterricht – und verwendet sie nicht neben der Erstsprache zur alltäglichen Kommunikation.

5.3. Deutsch als Zweitsprache

Beschäftigen wir uns zunächst mit den möglichen Lernzielen beim Einsatz literarischer Texte in DaZ. Der Unterricht zielt hier zum Einen auf Erwachsene hin, die eine Sprachprüfung auf Niveau B1 ablegen müssen, um die Aufenthaltsgenehmigung in einem deutschsprachigen Land zu bekommen. Es wurden Lehrwerke entwickelt, die sich stark am kommunikativen Fremdsprachenunterricht orientieren und vor allem Themenbereiche behandeln, die für diese Zielgruppe relevant sind. Literatur spielt in ihnen eine marginale Rolle, obwohl die Arbeit mit einfachen Reimen und Rhythmen gern angenommen wird, weil es das Merken von Strukturen erleichtert.

Zum Anderen gibt es Sprachunterricht und -förderprogramme für Kinder mit Migrationshintergrund. Dabei sollte die Arbeit mit und an literarischen Texten eine Rolle spielen und tut es – zumindest in Ansätzen – auch. Ausgehend von den Pisastudien, die den MigrantInnenkindern eine besonders schlechte Lesefähigkeit attestieren, wurden zahlreiche Förderprogramme für Kinder im Vorschul- und Kindergartenalter erarbeitet, die sich weitgehend am geschriebenen Text, an Kinderliteratur, Märchen und dergleichen orientieren.
In der Schule scheitern Kinder mit Migrationshintergrund häufig an einem wenig entwickelten Wortschatz sowie an einem zu geringen Wissen über die Mehrheitskultur (vgl. Ehlers 2010, 1533). Die Orientierung des Deutschunterrichts für diese Kinder am kommunikativen, alltagssprachlich orientierten Fremdsprachenunterricht hat sich nicht bewährt, denn „Kommunikation im Unterricht funktioniert nicht wie Kommunikation im Alltag – und kann es auch nicht." (Becker-Mrotzeck 2009, 110f) Es gilt, die literale Kompetenz der SchülerInnen im Allgemeinen und die Lesefähigkeit im Besonderen zu fördern. Menschen mit Migrationshintergrund, die auf eine erfolgreiche Schullaufbahn zurückblicken, bestätigen, welch wichtige Rolle die Literatur für sie gespielt hat (vgl. Schwarz 2010). Dies allein müsste Grund genug sein, solche SchülerInnen zum Lesen zu motivieren. Leider verhindern schlechte Deutschkenntnisse aber oft, dass sie der Lektüre im Klassenverband folgen können. Sie brauchen eine besondere Aufbereitung der Texte, die sie im Idealfall zum selben Ergebnis bringt wie ihre KollegInnen, deren Muttersprache Deutsch ist. Ehlers spricht in diesem Zusammenhang von einer lesetheoretischen Fundierung der Literaturdidaktik, die neben elementaren Lesekompetenzen und literarischen sowie interkulturellen Kenntnissen auch „höherstufige Fähigkeiten zum Textverstehen" (Ehlers 2010, 1538) mit sich bringen soll.

5.4. Deutsch als Fremdsprache

Auch im DaF- Bereich wird sich die Art und Menge des Einsatzes von literarischen Texten im Unterricht an der Zielgruppe orientieren. Germanistik-Studierende brauchen „mehr" als SchülerInnen und diese wiederum „anderes" als Erwachsene, die einen fachsprachlichen Deutschkurs besuchen.
Studierende müssen sicher auch mit Grundbegriffen und Verfahren im Umgang mit literarischen Texten vertraut gemacht sowie dazu angehalten werden, fachgerecht mit literarischen Texten zu arbeiten. Dazu gehören etwa folgende Fragestellungen:

Bei Gedichten:
- *Welche Reim-, Strophen- und Gedichtform gibt es?*
- *Gibt es ein lyrisches Ich?*
- *Welche sprachlichen Bilder gibt es?*
- *Wie sind die Vergleiche und Metaphern?*

Bei narrativen Texten:
- *Gibt es Besonderheiten in der Wortwahl?*
- *Welche Wortarten werden verwendet?*
- *Wie sind die Sätze gebaut?*
- *Welche rhetorischen Mittel werden eingesetzt?*
- *An welchem Ort und zu welcher Zeit ereignet sich die Handlung?*
- *Wie wird die Handlung erzählt?*
- *Wie kann man die Personen charakterisieren?*
- *Woher ist der Stoff?*
- *Wie ist die Erzählperspektive (wer erzählt die Geschichte)?*

Bei dramatischen Texten:
- *Zu welcher Zeit und an welchen Ort spielt das Stück?*
- *Wie ist der Aufbau?*
- *Gibt es eine Haupthandlung und Nebenhandlungen?*
- *Wie werden die Charaktere gezeichnet?*

Häufig erfolgt diese Form der Auseinandersetzung mit Literatur in Spezialkursen. In diesem Bereich überschneiden sich z. B. DaF und DaZ, weil ja auch SchülerInnen im schulischen Literaturunterricht lernen müssen, mit Fachbegriffen umzugehen. Die im vorigen Kapitel vorgestellte Methode des Scaffolding kann dabei zum Einsatz kommen.

5.4.1. Literatur im Sprachunterricht

Bemühte man sich in den 1980er und 1990er Jahren in der Arbeit mit Literatur an die vier Kompetenzbereiche – Lesen, Schreiben, Sprechen, Hören – anzudocken, so sieht man heute davon weitgehend ab, denn: „Die grundsätzliche Frage, nämlich was literarische Texte im Fremdsprachenunterricht können, was andere Textsorten nicht können, blieb weiterhin offen." (Krenn 2003, 22)
Die Rezeptionsästhetische Literaturdidaktik beinhaltet natürlich alle Kompetenzen. Lesen steht ohnehin im Zentrum der Aufmerksamkeit, über die Bedeutung des Unterrichtsgesprächs wurde bereits ausführlich berichtet. (Kreative) Schreibaufgaben folgen auf die Lektüre und das Gespräch über den Text. Was das Hören – und als fünfte Kompetenz das Se-

hen – angeht, so bieten sich die zahlreichen Möglichkeiten des Internets und der DVDs sowie Hörbücher an. Im Unterschied zu früher dient aber nicht die Literatur dem Training der Kompetenzen, sondern die Einbeziehung aller Kompetenzbereiche in das unterrichtliche Geschehen dient dazu, den Text besser zu verstehen. Erst damit ist aber der Einsatz von literarischen Texten wirklich gerechtfertigt. Auch wenn das Üben der Lesefähigkeit oder die Kommunikation wichtig sind, sollte man nicht auf die sprachlichen Qualitäten von literarischen Texten vergessen und diese für den Unterricht nützen.

Krenn listet die Kriterien eines aufgabenbasierten Sprachunterrichts auf und definiert die Funktion, die die Literatur dabei übernehmen kann. Besonders interessant sind seine Vorschläge, wie man mithilfe von literarischen Texten „möglichst viele relevante Lexeme möglichst nachhaltig im Langzeitgedächtnis der Lernenden" (Krenn 2003, 27) speichern kann. Er empfiehlt zu diesem Zweck insbesondere die Arbeit an Kurztexten bzw. bei der Lektüre von Ganztexten einzelne Passagen intensiver zu bearbeiten (vgl. ibid., 36). Im praktischen Teil des Buches werden Beispiele für diese Art der Spracharbeit präsentiert.

5.5. Lernziel „interkulturelle Kompetenz" und landeskundliches Wissen

Gerade die Landeskunde arbeitet – es wurde bereits darauf hingewiesen – mit einem sehr breiten Literaturbegriff. In Lehrwerken hat sie mit dem DACH-Konzept Eingang gefunden, mit der Konzentration auf „authentische Texte", auf Interviews, Reportagen, Zeitungstexte usw. (vgl. Groenewold 2010, 1565).

Groenewold präsentiert zwei landeskundliche Konzepte, in denen literarische Texte jeweils eine andere Rolle spielen: einerseits als „didaktisches Mittel" (ibid., 1566) in einer kognitiv ausgerichteten Landeskunde, andererseits als Mittel zur Gewinnung von Erkenntnissen in der kulturwissenschaftlichen und interkulturellen Landeskunde.

Zu unterscheiden sind in diesem Zusammenhang die Begriffe Wissen und Kompetenz. Während landeskundliches Wissen abfragbar ist, ist interkulturelle Kompetenz nicht so leicht festzustellen, denn kulturbezogenes Wissen ist nicht Wissen um seiner selbst willen, sondern Grundlage „einer sich im Handeln manifestierenden, umfassenderen und komplexeren Kompetenz." (Knapp 2008, 45) Lernziel der Arbeit mit Literatur sei die interkulturelle Kommunikationsfähigkeit, wobei Knapp nicht von „Kultur", sondern von „Kommunikationsgemeinschaft" spricht (ibid., 49). Eine Kommunikationsgemeinschaft ist eine Gruppe von Individuen, die regelmäßig miteinander kommunizieren und „dadurch eine Menge an gemeinsamem Wissen sowie gemeinsame Standards des Wahrnehmens, Glaubens, Bewertens und Handelns aufbauen und weiterentwickeln." (ibid.)

Um interkulturelle Kommunikationsfähigkeit zu erwerben, muss man in der Lage sein, sich in andere Menschen hineinzuversetzen, die Perspektive zu wechseln, wobei das Lesen und Verstehen von literarischen Texten als dialogischer Prozess zu sehen ist – ein Herantragen der eigenen, kulturell geprägten Perspektive – auch der der eigenen kulturellen Schicht – an einen Text, der wiederum die Perspektive des Autors oder der Autorin widerspiegelt, also ein gewisses „Fremdverstehen".

Ansgar Nünning unterscheidet vier Aspekte des Fremdverstehens:

- Das sprachliche Verstehen eines literarischen Textes,
- das sprachliche Verstehens eines fremdsprachlichen literarischen Textes,
- das Verstehens einer fremden Kultur bzw. ihrer Darstellung in einem fremdkulturellen literarischen Text,
- das Verstehen von fiktionalen Figuren aus einer fremden Kultur, also eine komplexe Mischung von textuellen, interpersonalen, literarischen und fremdkulturellen Verstehensprozessen (vgl. Nünning 2000).

Interkulturelles Verstehen bzw. Fremdverstehen ist eine Frage der Erkenntnis und der Einstellung und hat mit Faktenwissen nur bedingt zu tun. Fakten zu kennen und sie zu reproduzieren bedeutet noch nicht, dass man auch in der Lage ist, dieses Wissen mit konkreten Handlungen zu verknüpfen, dass man also über Handlungskompetenz verfügt. Letztere ist aber Ziel einer Didaktik des Fremdverstehens. Damit schließt sich der Bogen zur Kast´schen Forderung nach Attitüdenbildung.

Literatur

Becker-Mrotzeck (Hrsg.): *Mündliche Kommunikation und Gesprächsdidaktik*. Batmannsweiler: Schneider-Verlag, 2009.

Ehlers, Swantje: Literarische Texte im Deutsch als Fremd- und Zweitsprache-Unterricht: Gegenstände und Ansätze. In: Krumm, Hans-Jürgen/Fandrych, Christian/

Hufeisen, Britta/Riemer, Claudia (Hrsg.): *Deutsch als Fremd- und Zweitsprache. Ein internationales Handbuch.* Berlin: De Gruyter Mouton, 2010, 1531–1544.

Groenewold, Peter: Literatur im Landeskundeunterricht. In: Krumm, Hans-Jürgen/Fandrych, Christian/Hufeisen, Britta/Riemer, Claudia (Hrsg.): *Deutsch als Fremd- und Zweitsprache. Ein internationales Handbuch.* Berlin: De Gruyter Mouton, 2010, 1565–1571.

Hunfeld, Hans: Literatur – Literaturdidaktik – Landeskunde: Einige Anmerkungen. In: Hunfeld, Hans (Hrsg.): *Literatur als Sprachlehre: Ansätze eines hermeneutisch orientierten Fremdsprachenunterrichts.* Berlin: Langenscheidt, 1990, 123-131.

Kast, Bernd: *Jugendliteratur im kommunikativen Deutschunterricht*. Berlin: Langenscheidt, 1985.

Knapp, Annelie: Lehrerkompetenzen für einen interkulturell orientierten Sprachunterricht. In: Engel, Christine/Holzer, Peter/Hölzl, Sylvia (Hrsg.): *AkteurInnen der Kulturvermittlung. TranslatorInnen, philologisch-kulturwissenschaftliche ForscherInnen und FremdsprachenlehrerInnen*. Innsbruck: university press, 2008, 45–64.

Koppensteiner, Jürgen: „‚... juble und jodle!' Fünf Gedichte für eine Österreich-Landeskunde." In: *Die Unterrichtspraxis* 20.2, 1987, 240-249.

Koppensteiner, Jürgen: *Österreich. Ein landeskundliches Lesebuch. 4. überarbeitete und aktualisierte Auflage Niveaustufen B2 bis C2.* Wien: Praesens Verlag, 2010.

Krenn, Wilfried: Garnierung oder Hauptgericht? Überlegungen zum Einsatz literarischer Kurztexte im Unterricht Deutsch als Fremdsprache. In: Krumm, Hans-Jürgen/Portmann-Tselikas, Paul R. (Hrsg.): *Theorie und Praxis. Österreichische Beiträge zu Deutsch als Fremdsprache in Österreich*. 6/2002. Innsbruck: Studienverlag, 2003, 15–40.

Nünning, Ansgar: „Intermissunderstanding". Prolegomena zu einer literaturdidaktischen Theorie des Fremdverstehens: Erzählerische Vermittlung, Perspektivenwechsel und Perspektivenübernahme." In: Bredella, Lothar/Meißner, Franz-Joseph/Nünning, Ansgar et al. (Hrsg.): *Wie ist Fremdverstehen lehr- und lernbar? Vorträge aus dem Graduiertenkolleg „Didaktik des Fremdverstehens"*, Tübingen: Narr (= Giessener Beiträge zur Fremdsprachendidaktik), 2000, 84-132.

Schwarz, Eveline: *Zur literalen Kompetenz von Studierenden mit Migrationshintergrund. „Die Sprachen überfluten den Luftraum."* Saarbrücken: Südwestdeutscher Verlag für Hochschulschriften, 2010.

6. Kriterien bei der Auswahl literarischer Texte

Die Wahl der richtigen Lektüre stellt an Lehrende hohe Ansprüche, müssen sie doch verschiedene Kriterien beachten und auf unterschiedliche Bedürfnisse Rücksicht nehmen.

6.1. Die Kanonfrage

„Ein Kanon ist sowohl Ziel, Mittel, Resultat als auch Bedingung von Wertungen. Er beeinflußt in einem Assimilationssog unser Verstehen." (Zeyringer 2007, 51), meint Zeiyringer und fasst damit die Problematik der Kanonisierung von literarischen Texten knapp zusammen. Seit der Infragestellung eines allein gültigen Kanons in den 1960er Jahren geht die Entwicklung in Richtung einer „Kanonpluralität" , einem Neben- und Gegeneinander heterogener Kanons (Ewert 2010,1557), abhängig von Vorlieben und Notwendigkeiten, gesellschaftlichen Strömungen usw. (vgl. Fehrmann 2000, 16).

Für Lehrende hat sich damit die Qual der Wahl nicht unbedingt verringert. Wenn es keine allgemein verbindliche Lektüre gibt, liegt es an ihnen, geeignete Texte für ihre Schülerinnen und Schüler zu finden, die sowohl dem jeweiligen Zielpublikum als auch den Unterrichtszielen gerecht werden.

Die Frage lautet im Grunde: Warum ist ein Text, ein Buch für eine Schülerin/für einen Schüler gut oder schlecht? Diese Frage steht immer in einem direkten Zusammenhang mit der Auffassung, was Schule und Unterricht sein sollen, aus welchem Grund und mit welchem Ziel man einen Text besprechen möchte und was Literatur als Kunst bedeutet. Die pädagogischen Wertvorstellungen der Schule sind dabei, worauf Hunfeld hinweist, nichts Statisches (Hunfeld, 1990, 94).

Die Tatsache, dass die Didaktik, die sich aus der Rezeptionsästhetik ableiten lässt, im Literaturunterricht den Schwerpunkt weg vom Produkt und hin zum Rezipienten, zum Leser verlagert, wirkt sich natürlich entscheidend auf die Auswahl von Texten und auf die Auswahlkriterien aus.

6.2. Auswahlkriterien

Die Frage nach den Auswahlkriterien von literarischen Texten sei mit einem Zitat von Georg Christoph Lichtenberg (1742-1799), dem Klassiker des deutschen Aphorismus, eingeleitet, auf das der Fremdsprachendidaktiker Hans Hunfeld in seinem Aufsatz „Kriterien literarischer Wertung

– aus der Perspektive des Didaktikers" hinweist. Hunfeld spielt auf die Schwierigkeit der Textauswahl an und stellt die rhetorische Frage: „Bleibt also nur die Qual der Wahl"? (Hunfeld 1990, 103) Seine Antwort ist kurz: „Das hängt davon ab, ob jemand die Wahlmöglichkeit als Qual oder als Lust für sich versteht." „Nichts", zitiert er Lichtenberg aus dessen *Sudelbüchern*, „erklärt Lesen und Studieren besser als Essen und Verdauen." Und Hunfeld ergänzt Lichtenberg wie folgt:

> Wenn der Fremdsprachendidaktiker den Tisch decken darf, dann läßt er sich wohl von seinem persönlichen Geschmack leiten. Er tischt also diejenigen Gerichte auf, die ihm geschmeckt haben. Er erwartet aber nicht, daß es allen gleich schmeckt. Er freut sich vielmehr auf Tischgespräche, in denen sich der unterschiedliche Geschmack seiner Mitesser artikuliert. Weder richtet er sich also nach dem jeweiligen Publikumsgeschmack, noch betrachtet er seinen Geschmack als Maß aller Dinge. Er weiß, daß man seinen heimischen Gerichten in der Fremde einen anderen Geschmack abgewinnt, als er es gewohnt ist. Wirklich den Appetit verderben kann ihm nur jemand, der seine eigene Speisekarte für die einzig mögliche der Welt hält. (Hunfeld 1990, 103)

Man kann zwar hoffen, dass alle FremdsprachendidaktikerInnen im Sinne dieses kulinarischen Vergleichs denken und handeln, voraussetzen sollte man es jedoch nicht. Die Existenz von Kriterien literarischer Wertung ist zu akzeptieren, diese sind jedoch, wie Hunfeld betont, „anfechtbar" (Hunfeld 1990, 92). Für Lehrende besteht eine Art Zwang, Kriterien nicht aus privater, aus persönlicher Voreingenommenheit aufzustellen, sondern sie immer in einen pädagogischen Kontext zu stellen.
Die folgenden Kriterien stellen keinen Katalog dar, der brauchbare von unbrauchbarer Literatur selektiert. Nicht alle Kriterien sind auf jeden Text anwendbar, andere lassen sich finden, manche können nicht sorgfältig voneinander getrennt werden.

6.2.1. Inhaltliche und sprachliche Angemessenheit, Altersgemässheit

Fehrmann nennt als wichtige Merkmale von geeigneten Texten: Schülerbezug, Schülerzentriertheit, Aktualität, Alltagsrelevanz, Angepasstheit an die sprachliche Kompetenz der Lesenden sowie „Angepasstheit an die sich aus der Besonderheit der Sprache(n) ergebenden Notwendigkeiten" (Fehrmann 2001, 27). Er plädiert aber auch – und das ist bemerkenswert – für außergewöhnliche Texte anstelle von Aktualität und Alltagsrelevanz (vgl. ibid.).
Bredella macht darauf aufmerksam, dass Jugendliche sich besonders für

Texte interessieren, in denen Helden Grenzen überwinden (vgl. Bredella 2004, 94), und dass Jugendliche Charaktere bevorzugen, mit denen sie sich identifizieren können.
Die verwendeten Texte müssen also dem intellektuellen Niveau, der Vorbildung, dem Erfahrungshorizont und der Altersstufe der Lernenden entsprechen, d.h., um einen extremen Fall heranzuziehen, nicht unbedingt Kinderbücher, Kinderreime für Erwachsene. Andererseits ist die Tatsache zu bedenken, dass die Auswahl von Texten praktisch immer von Lehrpersonen erfolgt, die älter (manchmal wesentlich älter) sind und völlig andere Interessen haben können als die Lernenden. In seinem *ABC des Lesens* (*ABC of Reading*) schreibt Ezra Pound: „Es ist nicht einzusehen, weshalb derselbe Mensch mit 18 und mit 48 Jahren dieselben Bücher schätzen sollte" (zitiert nach Wierlacher 1980, 154). Die Frage ergibt sich also, ob ältere VermittlerInnen von deutscher als fremdkultureller Literatur den jüngeren Lesenden ihre Vorlieben aufdrängen dürfen. Wierlacher plädiert für ein *Miteinander* in der Lektüreplanung, ohne freilich zu verraten, wie das in der Praxis funktionieren soll (vgl. Wierlacher 1980, 155).
Hunfeld sieht, so scheint es, die Sache vermutlich zu optimistisch. Es ist nämlich keinesfalls sicher, ob nicht manche LehrerInnen oder LehrbuchautorInnen bzw. -herausgeberInnen gerade ihre Speisekarte für die einzig richtige und mögliche halten. Immerhin gibt er zu, dass die Perspektive des Didaktikers Bücher selten durch die „Lesebrille des privaten Lesers", sondern fast immer durch „jene Gläser wahrnehme, mit denen der Schulmeister auf die Welt" blicke. „Und was das für die Bücher und ihre Leser bedeuten kann", setzt er – nicht ohne Ironie – fort, „läßt sich leicht vorstellen". (Hunfeld 1990, 94)
Sicherlich ist der Blick von LehrerInnen auf die Literatur nicht unbefangen, es ist ein berufsmäßiges Interesse, das ihre Entscheidungen bei der Auswahl von literarischen Texten bestimmt. Ein praktisches Beispiel aus den USA: Noch immer sind Texte aus der Nachkriegszeit, zum Beispiel von Böll, Borchert oder Grass, populär, gehörten wegen ihrer „leichten Lesbarkeit bis in die 80er Jahre zum eisernen Bestand der Literaturlesebücher" (Ratych 1985, 51). Bei den Adressaten verursachen diese Texte freilich zunehmend Ratlosigkeit, weil ihnen das Bezugssystem fehlt. Zumindest im amerikanischen Deutschunterricht war und ist das Kanondenken bei Lehrenden noch immer sehr stark ausgeprägt und werden Kriterien der inhaltlichen Angemessenheit zu oft nicht beachtet.
Eine interessante Überlegung stellt Stütz an, der davor warnt, Jugendlichen Texte anzubieten, die zu viele persönliche Berührungspunkte mit dem eigenen Leben aufweisen (vgl. Stütz 1990). Diese Überlegung kann bestätigt werden. Z. B. wollen Lernende mit Migrationshintergrund oft keine Texte lesen, in denen die Situation der Migration thematisiert wird.

Texte, die zu viele Emotionen hervorrufen, will man nicht unbedingt in einer Unterrichtssituation vor anderen Lernenden „zerreden", sie werden lieber privat gelesen.

6.2.2. Positive Konnotationen oder Provokation?

Über die Frage, ob ein Text positive Konnotationen enthalten oder eher provozieren soll, gibt es höchst unterschiedliche Anschauungen.
Ingrid Mummert vertritt die Meinung, literarische Texte sollten mithelfen, „positive Konnotationen" über das Zielland zu vermitteln. Texte, die nur die negativen Aspekte eines Landes nachzeichnen, würden ihrer Meinung nach ein verzerrtes Bild, in diesem Fall der Bundesrepublik Deutschland, vermitteln. Andererseits brauchen Schüler, meint sie, positive Konnotationen, damit sie zu einer positiven Einstellung zur Fremdsprache und zur Kultur des jeweiligen Landes motiviert werden können (vgl. Mummert 1984, 42).
Gegenteiliger Meinung ist Helmut Hofmann. Seiner Ansicht nach sollten im Sprachunterricht möglichst nicht affirmative Texte verwendet werden, sondern solche, „in denen Konfliktfelder aufgesucht werden und gesellschaftliche, kulturelle und andere Probleme thematisiert werden" (Hofmann, 1985, 151). Texte sollen nach Hofmann die Lernenden „zu einer Äußerung provozieren"; unausgewogene (einseitige) Texte seien dafür geeigneter als solche, die ein Problem mit allen Für und Wider behandeln. Scheinbar ausgewogene Texte sollten von den LehrerInnen „problematisiert" werden.
Beide Einstellungen sollen im Literaturunterricht ihren Platz haben. Gegen affirmative Texte ist nichts einzuwenden. Andererseits sollte man sich einer kritischen Thematisierung von Problemen, ja einer Provokation nicht verschließen. Dafür lassen sich sicher viele Argumente finden. Ins Spiel gebracht sei hier der Begriff „Irritationsfaktor". Was bedeutet dieser Begriff? Die erste Begegnung mit einzelnen Texten, besonders mit Lyrik, und hier wieder besonders mit konkreter Poesie und Dialektgedichten, wird gelegentlich eine Irritation bei einzelnen Lernenden auslösen. Es gilt nun, diese Irritation auszunützen, den „Irritationsfaktor" als Impuls dafür zu verwenden, Scheue aus ihrer Reserve zu locken, sie zum Sprechen zu bringen, ihren Ärger artikulieren zu lassen.
Man kann diesen Irritationsfaktor im weiteren Sinne verstehen. Jedenfalls muss es erlaubt sein, provozierende Texte auszuwählen. Gerade im Falle Österreichs erscheint dies manchmal notwendig, um ein romantisiertes, klischeehaftes Bild zurechtzurücken. Literatur hat u. a. auch die Aufgabe, die Wirklichkeit, die Probleme, die Gedanken, die Gefühle der Zeit, in der man lebt, bewusst zu machen.

Irritation bei den LeserInnen auszulösen, diese didaktisch auszunützen, heißt aber nicht, Tabus und Gefühle zu verletzen. Dies könnte, worauf Herrmann hinweist, nämlich dazu führen, dass das „Ärgernis" auf so aggressive Weise zum Ausdruck gebracht wird, dass es den Unterrichtsrahmen sprengt oder dass Lernende abschalten, sich aus Angst verweigern und schweigen (vgl. Herrmann 1984, 27). Ein Mittelweg erweist sich am zweckmäßigsten. Eine Möglichkeit bietet die Kontrastierung verschiedener Texte zum selben Thema. Sie ist schon deswegen angebracht, weil es zu Diskussionen anregt, wenn ein und dasselbe Thema mittels verschiedener Texte behandelt wird.

6.2.3. Vergrösserung des Wahrnehmungsfeldes

Es wurde bereits darauf hingewiesen, dass literarische Texte dem intellektuellen Niveau, der Vorbildung, dem Erfahrungshorizont und der Altersstufe der Lernenden entsprechen sollten. Das ist freilich nicht statisch zu verstehen. Ziel ist es nicht, im Status quo zu verharren, sondern das Ziel muss stets eine Erweiterung der Lebens- und Leseerfahrung sein. Literatur kann dazu sehr viel beitragen und somit die doch letzten Endes zufälligen Erlebnisausschnitte unseres Lebens ergänzen.

6.2.4. Interkulturelle Perspektive

Literaturunterricht ist, worauf bereits hingewiesen wurde, stets auch ein interkultureller Unterricht, der die Kultur der Zielsprache in Auseinandersetzung mit den Normen der eigenen Kultur zum Thema macht. Bei der Lektüreauswahl werden dementsprechend kulturvergleichende Aspekte zu berücksichtigen sein.

Ansgar Nünning stellt einige Kriterien für Texte auf, die seiner Meinung nach geeignet sind, Fremdverstehen mittels Literatur zu fördern. Dazu zählen für ihn Texte,

- „in denen dargestelltes Fremdverstehen bzw. interkulturelles Mißverstehen auf der Ebene der Figuren eine zentrale Rolle spielt" (Nünning 2000, 113),
- „Texte, die den Prozeß des Fremdverstehens selbst in das Zentrum rücken" (ibid., 115),
- „ multiperspektivisch erzählte Romane, in denen Fremdverstehen nicht nur auf der Ebene der Figuren dargestellt und/oder thematisiert, sondern auch auf der Ebene der erzählerischen Vermittlung formal inszeniert wird." (ibid.)

6.2.5. Freude an der Lektüre

Die Forderung, dass die Lektüre von literarischen Texten – neben oder trotz aller Mühe bei der Rezeption – Vergnügen bereiten sollte, müsste im Grunde als selbstverständlich gelten. Unterhaltsamkeit, Spannung, die Begegnung der Lesenden mit sich selbst, die Möglichkeit, das zu durchleben, was einem die Realität bisher versagt hat, sind befriedigend (vgl. Mummert 1984, 33ff). Mit der Sprache zu spielen – das wissen wir von Kinderpsychologen – macht Spaß, der poetisierende Umgang mit Sprache bereitet Vergnügen. Poetisieren, so kann man diesen Punkt zusammenfassen, ist ein Grundbedürfnis des Menschen. Wenn bei der Auswahl von Texten diese und andere Kriterien herangezogen werden, wird sich Freude im Umgang mit Literatur einstellen.

Literatur:

Bredella, Lothar/Burwitz-Melzer, Eva: *Rezeptionsästhetische Literaturdidaktik mit Beispielen aus dem Fremdsprachenunterricht Englisch.* Tübingen: Narr (= Giessener Beiträge zur Fremdsprachendidaktik), 2004.

Ewert, Michael: Literarischer Kanon und Fragen der Literaturvermittlung. In: Krumm, Hans-Jürgen / Fandrych, Christian / Hufeisen, Britta / Riemer, Claudia (Hrsg.): *Deutsch als Fremd- und Zweitsprache. Ein internationales Handbuch*. Berlin: De Gruyter, Mouton, 2010, 1555–1565.

Fehrmann, Georg: „Verschiedene Varianten des Wolfmotivs" – Kanondiskussion und Textauswahl in der Sekundarstufe II: Ein Problemaufriss. In: Fehrmann, Georg/Klein, Erwin (Hrsg.) (2001): *Literarischer Kanon und Fremdsprachenunterricht*. Beiträge zur Tagung des FMF-Nordrhein am 12. September 2000. Bonn: Romanistischer Verlag, 13–34.

Herrmann, Karin: Warum Literatur im Unterricht „Deutsch als Fremdsprache" im Ausland? In: Völker, Kristin/Häussermann, Ulrich/Herrmann, Karin (Hrsg.): *Literarische Texte in der Unterrichtspraxis I. Seminarbericht*. München: Goethe-Institut, 1984. 22-28.

Hofmann, Helmut: Zur Integration von literarischen Texten in einem kommunikativen Sprachunterricht. In: Edelhoff, Christoph (Hrsg.): *Authentische Texte im Deutschunterricht: Einführung und Unterrichtsmodelle*. München: Hueber, 1985, 150-58.

Hunfeld, Hans: Kriterien literarischer Wertung aus der Perspektive des Didaktikers. In: Hunfeld, Hans (Hrsg.): *Literatur als Sprachlehre: Ansätze eines hermeneutisch orientierten Fremdsprachenunterrichts*. Berlin: Langenscheidt, 1990, 92-103.

Kast, Bernd: *Jugendliteratur im kommunikativen Deutschunterricht*. Berlin: Langenscheidt, 1985.

Mummert, Ingrid: Literatur macht Spaß – auch in der Fremdsprache – Überlegungen zu einem kommunikativen Umgang mit fremdsprachiger Literatur. In: Völker, Kristin/Häussermann, Ulrich/Herrmann, Karin (Hrsg.): *Literarische Texte in der Unterrichtspraxis I. Seminarbericht*. München: Goethe-Institut, 1984, 33-46.

Mummert, Ingrid: Schüler mögen Dichtung – auch in der Fremdsprache: *Untersuchungen zum kommunikativen Literaturunterricht mit fremdsprachigen Texten*. Frankfurt: Lang, 1984.

Nünning, Ansgar: „Intermissunderstanding". Prolegomena zu einer literaturdidaktischen Theorie des Fremdverstehens: Erzählerische Vermittlung, Perspektivenwechsel und Perspektivenübernahme." In: Bredella, Lothar/Meißner, Franz-Joseph/Nünning, Ansgar et al. (Hrsg.): *Wie ist Fremdverstehen lehr- und lernbar? Vorträge aus dem Graduiertenkolleg „Didaktik des Fremdverstehens"*, Tübingen: Narr. (Giessener Beiträge zur Fremdsprachendidaktik), 2000, 84-132.

Ratych, Joanna: Zwei Jahrzehnte literarischer Lehrbücher. In: Heid, Manfred (Hrsg.): *New Yorker Werkstattgespräch 1984: Literarische Texte im kommunikativen Fremdsprachenunterricht*. New York: Goethe House, 1985, 50-66.

Stütz, Wolfgang: Kriterien zur Auswahl von Literatur für die Oberstufe. In: Fricke, Dietmar/Glaap Albert-Reiner (Hrsg.): *Literatur im Fremdsprachenunterricht – Fremdsprache im Literaturunterricht*. Frankfurt: Diesterweg, 1990, 21–31.

Wierlacher, Alois: Deutsche Literatur als fremdkulturelle Literatur: Zu Gegenstand, Textauswahl und Fragestellung einer Literaturwissenschaft des Faches Deutsch als Fremdsprache. In: Wierlacher, Alois (Hrsg.): *Fremdsprache Deutsch: Grundlagen und Verfahren der Germanistik als Fremdsprachenphilologie*. Band I. München: Fink, 1980, 147-165.

Zeyringer, Klaus: *Ehrenrunden im Salon. Kultur – Literatur – Betrieb.* Essay. Innsbruck, Wien, Bozen: Studienverlag, 2007.

7. Praktischer Teil: Einleitung

Im praktischen Teil dieses Buches werden exemplarische Didaktisierungen von literarischen Texten mit unterschiedlicher Länge und unterschiedlichem Schwierigkeitsgrad vorgestellt.

Was ist das Besondere an den Didaktisierungsvorschlägen in diesem Buch?

- **Klare Orientierungshilfen**
Zu jedem Text gibt es eine Niveauempfehlung, die sich am Europäischen Referenzrahmen orientiert, eine kurze Inhaltsangabe, Überlegungen zur Textauswahl sowie eine Auflistung von möglichen Lernzielen bzw. Kompetenzen, die mit der Lektüre des Textes vermittelt werden können.

- **Berücksichtigung von Deutsch als Zweitsprache**
Beim Großteil der hier vorgestellten Texte handelt es sich um „Klassiker" des muttersprachlichen sowie fremdsprachlichen Deutschunterrichts. Die Behandlung literarischer Texte setzt in der muttersprachlichen Unterrichtspraxis oft andere Schwerpunkte als in der fremdsprachlichen. SchülerInnen mit Deutsch als Zweitsprache haben aufgrund ihrer geringeren Sprachkenntnisse mitunter Probleme, der Literaturbetrachtung im muttersprachlichen Deutschunterricht zu folgen. Im Unterricht „Deutsch als Zweitsprache" müssen daher andere Akzente gesetzt werden als im fremdsprachlichen aber auch als im muttersprachlichen Deutschunterricht. Mithilfe von eigenen Arbeitsblättern, die in diesem Buch angeboten werden, können auch Schülerinnen und Schüler mit Deutsch als Zweitsprache in den Regelunterricht eingebunden werden.

- **Arbeit mit und an der Sprache des literarischen Textes**
Viele fertige Didaktisierungen literarischer Texte für den Fremd- aber auch den muttersprachlichen Unterricht konzentrieren sich darauf, den Lernenden den Inhalt des Textes verständlich zu machen, z. B. zielen Vorschläge für Gespräche und Diskussionen meist auf die inhaltliche Interpretation ab. Damit wird man allerdings der Besonderheit literarischer Texte nicht gerecht, denn ein autobiographischer Roman beispielsweise ist keine Biographie oder Reportage und sollte auch nicht so behandelt werden. Literarische Texte bilden die Realität nicht eins zu eins ab und „leben" vom speziellen Umgang mit der Sprache. Darauf wird in den einzelnen Didaktisierungsvorschlägen eingegangen, indem die Lernenden dazu aufgefordert werden, sich mit einzelnen Textabschnitten intensiver zu beschäftigen und den sprachlichen Besonderheiten nachzuspüren.

- **Klare Zeitvorgaben, zeitsparende Didaktisierungen**

Oft wird von LehrerInnen geäußert, dass sie gern literarische Texte im Unterricht behandelt würden, dafür aber keine Zeit haben (vgl. Krenn 2002, 15).

Die meisten in diesem Buch vorgestellten Didaktisierungen von Kurztexten lassen sich in einer Unterrichtseinheit durchführen und sind thematisch Lehrbuchlektionen zuordenbar (vgl. die Kaptitel „Theater- und Dramapädagogik", „Kurztexte", „Lyrik").

Didaktisierungen literarischer Ganztexte für den Fremdsprachenunterricht tendieren mitunter dazu, sehr detailliert und umfangreich zu sein. In der Praxis sind diese Vorschläge nur bedingt brauchbar, da kein Lehrer/keine Lehrerin die Zeit hat, über Wochen und Monate im Unterricht einen literarischen Text zu behandeln, abgesehen davon, dass die Gefahr besteht, dass die Lernenden das Interesse am Text verlieren. Die in diesem Buch vorgeschlagenen Didaktisierungen von Ganztexten lassen sich durchschnittlich in rund fünf Unterrichtseinheiten in die Praxis umsetzen. Deshalb wurde auch darauf verzichtet, zu jedem Kaptitel eines Textes Arbeitsblätter anzubieten. Vielmehr sollen die Arbeitsaufgaben helfen, beim Lesen den „roten Faden" nicht zu verlieren. Die Lernenden sollen in ihrem Lesefluss nicht ständig unterbrochen werden, um Arbeitsaufträge zu erfüllen. Sinnvoller scheint es, bei längeren Texten einzelne Textpassagen herauszugreifen und diese sprachlich wie auch inhaltlich genauer zu analysieren.

- **Die Orientierung an den Vorgaben der Rezeptionsästhetik**

Die in der Folge gezeigten Arbeitsschritte bzw. Übungsformen sollen helfen, Deutschlernende zum Lesen zu motivieren, sie neugierig zu machen und ihnen ein positives Leseerlebnis zu ermöglichen. Ausgangspunkt ist dabei die Rezeptionsästhetik, die Erkenntnis, dass es bei der Lektüre von literarischen Texten um eine Interaktion zwischen Text und Leser geht.

7.1. Grundsätzliche Überlegungen zur Didaktisierung von literarischen Texten

Ein Text soll vorentlastet werden und es soll den Leseprozess lenkende und den Text erweiternde Aufgabenstellungen geben. Dieser didaktische Grundsatz ist mittlerweile Standard geworden. Deshalb beschränken wir uns auf eine knappe Auflistung von Unterrichtsvorschlägen, die für die LehrerInnen vielleicht als „Gedächtnisstütze" hilfreich ist.

Bei der Arbeit mit literarischen Texten ist es zweckmäßig, vier Phasen zu unterscheiden, die allerdings nicht immer scharf zu trennen sind. Es sei ausdrücklich darauf hingewiesen, dass es keinen zwingenden methodischen Ablauf bei der Behandlung von literarischen Texten gibt. Die Arbeitsschrittfolge, die hier vorgestellt wird, ist kein starres Schema. Variationen sind immer möglich, ja nötig.

Arbeitsschrittfolge:

(1) Vorbereitungsphase

Das Thema des Textes wird vorbereitet, sprachliche Besonderheiten werden vorentlastet, Sachinformationen werden gegeben.

(2) Präsentation

Die Lernenden lesen, hören oder sehen den Text und gewinnen einen ersten Eindruck. Abwechslung ist in dieser Phase angebracht. Nicht jeder Text kann und soll auf die gleiche Weise präsentiert werden.

(3) Textarbeit

Der Begriff wird hier eher umfassend gebraucht und schließt Semantisieren ebenso ein wie Textrezeption und Textapplikation, z.B. Gespräche in der Gruppe und im Plenum, schriftliche Arbeiten, eigene Gestaltungsversuche, Umformungen usw.

(4) Erweiterung

Viele Texte lassen sich erweitern und ergänzen. Vor allem landeskundliche Aspekte sollen immer wieder ins Spiel gebracht werden. Auch Vergleiche mit anderen thematisch oder formal verwandten Texten bieten sich an.

7.1.1. Vorentlastung

▪ *Advance organizers*

In der ersten Phase sollen verständnisaktivierende Aufgaben auf den Text „neugierig" machen. In diesem Zusammenhang sind die *advance organizers* zu erwähnen, die, wie sich aus dem Wort ergibt, Lesehindernisse aller Art im Voraus, *in advance* aus dem Weg räumen sollen (vgl. Kast 1985, 49ff). Ehlers mahnt zur Vorsicht, da der Deutungsprozess des Textes dadurch gelenkt und vorgezeichnet werden kann und es unklar ist, „ob das Wissen, das der Lehrer bereitstellt, das ist, was für das Textverstehen gebraucht wird, und ob es das ist, das der Lerner verwendet, um zu einem Verstehen zu gelangen." (Ehlers 2010, 1540) Diese Skepsis ist berechtigt und sollte von den Lehrenden in die Überlegungen mit einbezogen werden.

Kast unterscheidet

- *advance organizers* in Bezug auf den Inhalt,

- in Bezug auf eine Situation (z. B. Bilder, Filmausschnitte) und
- in Bezug auf die Sprache, wie z. B. *Assoziogramme und Wortkarten bzw. Wortlisten,* die der lexikalischen Vorentlastung eines Textes dienen.

Weitere bewährte Aufgabenstellungen zur Einstimmung auf einen Text sind:

- Spekulationen zum Titel eines Textes sowie
- die Aufstellung von „Thesen".

Sie stellen eine Vorentlastung dar, sollen in das Thema einführen und die Leser und Leserinnen für das Thema empfänglich machen. Die Thesen sollen möglichst pointiert sein und dürfen durchaus auch provozieren.

Beispiel:
Entscheiden Sie sich in Partnerarbeit für eine der folgenden Thesen und diskutieren Sie mit den KollegInnen.
A Man soll sein Heimatland vorbehaltlos lieben.
B Ein Land kann man nicht lieben, höchstens Menschen.
C Doch, man kann ein Land lieben.
D Wer sein Land liebt, kritisiert es nicht.
E Wer sein Land kritisiert, liebt es nicht.
(Aus: Koppensteiner: Österreich erzählt 2, 114f)

Die Phase der Vorentlastung von literarischen Texten ist für den Leseerfolg und für das Lesevergnügen sehr entscheidend. Kreativität, Phantasie und Abwechslung sind in dieser „Vorphase des Lesens" gefragt, wenn die Lernenden zu aktiven, engagierten Lesenden werden sollen.

7.1.2. Textpräsentation und Textarbeit

Bei längeren Texten wird sich die Textpräsentation auf jeweils einen Abschnitt bzw. ein Kapitel beschränken, bei kürzeren auf den gesamten Text.

a) Erstes Lesen – Besprechen des Settings und des Plots (vgl. Bredella 2004)

Lesen Sie den Text (Textabschnitt) möglichst rasch.

- Suchen Sie Informationen zu Wer? Wo? Wann? Was geschieht am Ende?
- Diskutieren Sie mit einem Partner/einer Partnerin, was der Titel mit dem Text zu tun hat.

- Ergänzen Sie die folgenden Sätze:
  1. Die Geschichte handelt von...
  2. Die Hauptpersonen sind...
  3. Die Geschichte spielt in...
- Teilen Sie den Text in Abschnitte, jeder Textteil wird von einer anderen Gruppe gelesen, anschließend erzählen sich die Gruppenmitglieder den Inhalt ihres Abschnitts.
- Notieren Sie sich einige wichtige Stichwörter. Lesen Sie diese Ihrem Partner/Ihrer Partnerin vor, der/die sagen soll, was diese Stichwörter mit dem Text zu tun haben.

b) Genaueres Lesen – Beschäftigung mit einzelnen Charakteren, der Erzählinstanz und der Wirkung der Geschichte

Aufgaben zur Detail-Erarbeitung:

- Ordnen Sie die folgenden Merkmale der Person A bzw. der Person B zu und suchen Sie Textstellen, mit denen Sie Ihre Aussage begründen können.

Beispiele:

z.B.:	Person A	Person B	Zeile
unbeschwert draufgängerisch temperamentvoll vernünftig			

- Mit welchen Personen in der Geschichte assoziieren Sie die folgenden Wörter: ...?
- Suchen Sie Textstellen, die zeigen, dass ...
- Entwerfen Sie einen Steckbrief von der Hauptperson und fassen Sie die Informationen aus dem Steckbrief in einem kurzen Porträt zusammen.
- Jeder der folgenden Begriffe passt zu einer Stelle im Text. Suchen Sie mit einem Partner/einer Partnerin die Zusammenhänge und bilden Sie Sätze.

Beispiel:
Ein großer Bernhardinerhund – Krieg – Fleischmarken – Dirndlschürze – Bescherung – Puppenservice – ein weißes Tuch
(zu Nöstlinger: „Links unterm Christbaum" in: Koppensteiner, Österreich erzählt 2, 9-13.)

- Verwenden Sie das folgende Erzählschema und erzählen Sie Ihrem Partner/Ihrer Partnerin, was in der Geschichte passiert.

Beispiel:
ein bekannter Lebensmittelkonzern
Supermarkt
Eröffnung stattfinden
in den Hundstagen
allgemeines Chaos
neue Kassen-Computer
****
Das Erzählschema bezieht sich auf Erika Molnys Erzählung „Computer und Wassermelone" (in: Koppensteiner: Österreich erzählt 2, 70).

- Schreiben Sie für jeden Abschnitt des Textes ein Erzählschema (nach obigem Modell).
- Erzählen Sie kurz, was Sie von einzelnen Protagonisten wissen. Erzählen Sie aber auch, was Sie nicht wissen (aber gerne wissen möchten).
- Diskutieren Sie (sofern möglich), wo die Pointe der Geschichte steckt.
- Von wem ist die Rede? Kreuzen Sie an?

Beispiel:

		Florian	*Matthias*	*Anna*
1.	*ist jähzornig*			
2.	*ist meistens unbeschwert*			
3.	*gibt oft Anlass für Streit*			
4.	*hat vernünftige Ansichten*			
	usw.			

(Die Aufgabe bezieht sich auf den Text „Der Unfall" von Gertraud Husch (in: Koppensteiner: Österreich erzählt 2, 79-89).

- Die folgenden Themenbereiche spielen im Text eine große, geringe oder überhaupt keine Rolle. Diskutieren Sie darüber mit einem Partner/einer Partnerin oder in Kleingruppen.
- Thesen zum Text werden vorgegeben. Bilden Sie kleine Gruppen. Jede Gruppe diskutiert über 1 bis 3 Thesen. Ist diese These richtig, falsch, teilweise richtig? Begründen Sie Ihre Stellungnahme und bringen Sie möglichst Beispiele. Sie können auch Ihre eigenen Thesen aufstellen.

Bei längeren Texten bieten sich die nötigen Leseunterbrechungen für Spekulationen über den Fortgang der Handlung an:

- Was wird jetzt passieren? Spekulieren Sie über den Fortgang des Textes.
- Was wäre geschehen, wenn...?
  Überlegen Sie, was passiert wäre, wenn die Umstände anders gewesen wären.

c) Genaues Lesen – Spracharbeit; Intensivierung der Interpretationsarbeit, Beschäftigung mit einzelnen Charakteren

Spracharbeit:
Will man einzelne Charaktere oder Szenen genauer interpretieren, so ist eine intensivere Beschäftigung mit den sprachlichen Besonderheiten des Textes unumgänglich. Dies kann und soll anhand von kurzen Textausschnitten geschehen und beispielsweise folgende Fragestellungen betreffen:

- Welche Adjektive werden verwendet? Haben sie eine wertende Funktion? Wenn ja, welche und warum?
- Gibt es Worthäufungen, Wortwiederholungen u. dgl. Welche Funktion haben sie?
- Verwendet der Autor/die Autorin umgangssprachliche Ausdrücke, sehr gehobene Ausdrücke, Wörter, die nicht der Alltagssprache entsprechen? Welche Wirkung erzielt er/sie damit?
- Gibt es Metaphern usw.? (vgl. Frank 2003)

Beschäftigung mit einzelnen Charakteren:

- Erzählen Sie die Geschichte aus der Perspektive von ...
- Versetzen Sie sich in eine Figur. Was hätten Sie in dieser Situation anders gemacht.
- Berichten Sie von einer (imaginären) Begegnung mit der Hauptfigur der Geschichte.
- Versetzen Sie sich in die Situation einer Person aus der Geschichte. Erzählen Sie einen möglichen Tagtraum dieser Person.
- Sie sind ein berühmter Filmstar und wurden eingeladen, in der Verfilmung des Buches mitzuwirken. Welche Rolle würden Sie übernehmen?
- Sie sind PsychiaterIn und analysieren die Probleme einer Figur.
- Weihnachten: Versetzen Sie sich in eine Figur aus dem Text und schreiben Sie eine Wunschliste für Weihnachten.
- Versetzen Sie sich in die Rolle des Autors/der Autorin und erklären Sie, warum Sie den Titel ... für Ihr Buch ausgewählt haben.

7.1.3. Erweiterung

Als Abschluss der Arbeit mit dem literarischen Text empfiehlt Bredella kreative Aufgabestellungen. Dafür eignen sich z. B. sehr viele nicht-literarische Textsorten. Soweit dies möglich ist, ist es zweckmäßig, authentische Materialien als „Modelle" heranzuziehen.

- Zeitungsartikel: Die Lernenden werden gebeten, über das Geschehen einen Zeitungsartikel zu verfassen. Es bieten sich verschiedene Modelle an (Boulevardzeitung, seriöse Zeitung).
- Leserbriefe: Das Verhalten einzelner Charaktere kann in Form eines Leserbriefes angeprangert werden, ebenso können gewisse Ereignisse kritisiert werden.
- Brief an den Autor/die Autorin eines Textes: Es werden Fragen gestellt, die sich bei der Lektüre ergeben haben und auf die in der Diskussion keine passenden Antworten gefunden wurden. Ansonsten empfiehlt sich jedoch eine weitgehend offene Form. Eventuell wird der Brief tatsächlich abgeschickt. Im Idealfall kommt eine Antwort vom Autor/von der Autorin. (AutorInnen von Jugendliteratur scheinen diesbezüglich eher aufgeschlossen zu sein.)
- Eine Figur schreibt einen Brief an die „Kummerecke" einer Zeitschrift und sucht Rat für ihr Problem. Die Briefe können von anderen Mitgliedern des Sprachkurses beantwortet werden.
- Bewerbungsschreiben, Lebenslauf: Eine Figur aus dem Text bewirbt sich um eine Stelle. Verfassen Sie ein Bewerbungsschreiben und einen Lebenslauf.
- Eine Suchanzeige: Nach dem Modell einer authentischen Suchanzeige kann eine Person aus einem literarischen Text „gesucht" werden.
- Pressekonferenz (Rollenspiel)

Gebraucht werden:

1. ein Moderator
2. Personen aus dem behandelten literarischen Text
3. Reporter (die übrige Klasse).

Es können „Rollenkarten" vorbereitet werden, die genaue Anweisungen enthalten. (Welche Zeitung? Andere Medien? Welcher Aspekt der Geschichte soll beachtet werden? Eventuell können auch konkrete Fragen enthalten sein.)

Andere kreativ-produktive Erweiterungen

- Ein neues Ende verfassen. Mehrere Möglichkeiten bieten sich an:
  a) Die LeserInnen haben den ganzen Text vor sich. Das Ende gefällt ihnen nicht, und sie werden gebeten, ein neues zu schreiben.

b) Die LeserInnen bekommen den Text ohne das Ende und werden gebeten, den Text zu Ende zu führen.

- Eine Vorgeschichte erfinden.
- Tagebucheintragungen:
  Die LeserInnen führen im Namen einer handelnden Person ein Tagebuch (Dieses kann sich über einen längeren Zeitraum erstrecken oder punktuell auf einen Tag, ein bestimmtes Ereignis konzentrieren). Die Tagebucheintragungen werden am Ende verglichen und besprochen.
- Fiktiver Briefwechsel (Partnerarbeit):
  Die Lernenden versetzen sich in eine Person und schreiben in dieser Rolle einen persönlichen Brief an einen Lernpartner/eine Lernpartnerin. Die Briefe werden ausgetauscht und beantwortet, wofür man wieder in eine neue Rolle schlüpfen muss.
- Die Handlung eines Textes wird in eine andere Zeit, an einen anderen Ort verlegt, z. B. „Kleider machen Leute" in die Gegenwart.
- Innerer Monolog:
  Die Leser werden gebeten, sich in die Situation der Hauptfigur zu versetzen und aus dieser Perspektive ein Erlebnis im inneren Monolog zu schildern.
- Einen Klappentext zum Buch schreiben.
- „Der unsichtbare Beobachter":
  Stellen Sie sich vor, Sie sind ein unsichtbarer Beobachter und erleben alles mit, was passiert. Wählen Sie einen Beobachtungspunkt und schildern Sie aus Ihrer Perspektive das Geschehen.
- Wir machen eine Zeitung:
  Auf Basis eines längeren literarischen Textes (Roman, Drama) wird eine Zeitung produziert, d.h., alles, was in diese Zeitung kommt, muss in irgendeiner Form mit dem gelesenen Text zu tun haben (Zeit, Ort, Personen, Geschehen).

Arbeitsschritte:

1. Es empfiehlt sich von einer vorliegenden Tageszeitung auszugehen (ein Sensationsblatt bzw. eine Boulevard-Zeitung eignet sich auf Grund der Sprache und des optischen Signalsystems besser als eine seriöse Zeitung).
2. Die Lernenden machen sich mit dem Aufbau bzw. den einzelnen Teilen der Zeitung vertraut (Internationale Politik, Innenpolitik, Lokales, Reportagen, Hintergrundberichte, Gastkommentare, Wirtschaft, Kultur [Feuilleton], Leserbriefe, Reisen, Gesundheit, Wetter, Rezepte, Rätsel, Sport, Horoskop, Radio- und Fernsehprogramm, Todesanzeigen, Kleinanzeigen [Realitäten, Zu verkaufen, Zu vermieten, Zu mieten gesucht, Autos, Offene Stellen, Korrespondenz, Partnersuche]).

3. Nach einem Brainstorming der Lernenden bilden sich Gruppen, die sich für eine bestimmte Arbeitsaufgabe entschieden haben. Eine Gruppe arbeitet z.B. an einer Reportage über den Schauplatz, eine andere verfasst ein Interview mit einer der Hauptpersonen. Andere wiederum schreiben verschiedenartige Kleinanzeigen usw. Wichtig ist dabei, dass sich alles auf irgendeine Art auf den gelesenen Text zu beziehen hat. Es ist auch darauf zu achten, dass eine Vielfalt an Textsorten, wie sie in einer Zeitung zu finden ist, zustande kommt. Lehrende sollen möglichst wenig eingreifen und sich auf sprachliche Korrekturen beschränken.

Natürlich erheben wir mit dieser Auflistung von Unterrichtsvorschlägen keinerlei Anspruch auf Vollständigkeit. Vielmehr ist sie als Anregung für alle LehrerInnen zu verstehen, selbst kreativ zu werden.

Literatur:

Bredella, Lothar/Burwitz-Melzer, Eva: *Rezeptionsästhetische Literaturdidaktik mit Beispielen aus dem Fremdsprachenunterricht Englisch*. Tübingen: Narr (Giessener Beiträge zur Fremdsprachendidaktik), 2004.

Collie, Joann/Slater, Stephen: *Literature in the Language Classroom: A Resource Book of Ideas and Activities*. Cambridge: Cambridge UP, 1987.

Duff, Alan/Maley, Alan: *Literature*. Oxford: Oxford UP, 1990.

Ehlers, Swantje: *Lesen als Verstehen: Zum Verstehen fremdsprachlicher literarischer Texte und zu ihrer Didaktik.* Fernstudieneinheit 2. Berlin: Langenscheidt, 1992.

Ehlers, Swantje: *Literarische Texte lesen lernen*. München: Klett Edition Deutsch, 1992.

Ehlers, Swantje: Literarische Texte im Deutsch als Fremd- und Zweitsprache-Unterricht: Gegenstände und Ansätze. In: Krumm, Hans-Jürgen/Fandrych, Christian/Hufeisen, Britta/Riemer, Claudia (Hrsg.): *Deutsch als Fremd- und Zweitsprache. Ein internationales Handbuch*. Berlin: De Gruyter Mouton, 2010, 1531–1544.

Frank, Horst Joachim: *Wie interpretiere ich ein Gedicht?* Tübingen, Basel: Francke Verlag, 2003.

Häussermann, Ulrich, u.a.: *Literaturkurs Deutsch*. Frankfurt: Diesterweg, 1987.

Helmling, Brigitte/Wackwitz, Gustav: *Literatur im Deutschunterricht am Beispiel von narrativen Texten*. München: Goethe-Institut, 1986.

Kast, Bernd: *Jugendliteratur im kommunikativen Deutschunterricht*. Berlin: Langenscheidt, 1985.

Koppensteiner, Jürgen: *Österreich erzählt 2: Ein Lesebuch für Deutschlernende*. Wien: Bundesverlag, 1989.

Krenn, Wilfried: Garnierung oder Hauptgericht? Überlegungen zum Einsatz literarischer Kurztexte im Unterricht Deutsch als Fremdsprache. In: Krumm, Hans-Jürgen/Portmann-Tselikas, Paul R. (Hrsg.): *Theorie und Praxis. Österreichische Beiträge zu Deutsch als Fremdsprache in Österreich*. 6/2002. Innsbruck: Studienverlag, 2003, 15–40.

Krumm, Hans-Jürgen/Portmann-Tselikas, Paul R.(Hrsg.): *Theorie und Praxis: Österreichische Beiträge zu Deutsch als Fremdsprache 6/2002. Schwerpunkt: Literatur im DaF-Unterricht*. Innsbruck: StudienVerlag, 2003.

Waldmann, Günter/Bothe, Katrin: *Erzählen: Eine Einführung in kreatives Schreiben und produktives Verstehen von traditionellen und modernen Erzählformen*. Stuttgart: Klett, 1992.

Wicke, Rainer E.: *Aktiv und Kreativ lernen: Projektorientierte Spracharbeit im Unterricht Deutsch als Fremdsprache*. Ismaning: Max Huber Verlag, 2004.

Wicke, Rainer E.: *Herz oder Pistole: Kommunikatives für den Unterricht*. Ismaning: Max Huber Verlag, 2004.

8. Was sollen wir ihnen zu lesen geben? Ein Plädoyer für Jugendliteratur aus Österreich

Die Suche nach adäquatem Lesestoff gehört zu den wichtigsten, sicher aber nicht zu den leichtesten Aufgaben von DaF-/DaZ-Lehrenden und schafft auch altgedienten Routiniers nicht selten Kopfzerbrechen. Der Übergang vom reinen Sprachunterricht zur Lektüre von literarischen Texten, ja ganzen Büchern und deren Besprechung im Unterricht löst immer wieder den bereits diskutierten „Literaturschock" aus. Plötzlich wird von den Lernenden nämlich erwartet (und verlangt), sich mit anspruchsvollen Texten und selbstverständlich mit ganzen Büchern auseinanderzusetzen.
Wenn hier von Kinder- und Jugendliteratur (in der Folge: KJL) die Rede ist, dann meinen wir Literatur, die von Autorinnen und Autoren für Kinder bzw. Jugendliche geschrieben wurde. Ihre Einsatzmöglichkeiten im modernen Sprachunterricht – auch in dem für Erwachsene – sind spätestens seit dem wegweisenden Buch von Bernd Kast, *Jugendliteratur im kommunikativen Deutschunterricht (1985),* unbestritten und finden auch auf diversen DeutschlehrerInnentagungen ihren Niederschlag (vgl. Eder, 2007).
Was spricht für den Einsatz von KJL im Fremd- und Zweitsprachenunterricht?

- Sehr oft wird angeführt, diese Literatur sei „einfacher" als Literatur für Erwachsene. Diese Behauptung ist allerdings mit Vorsicht zu betrachten und muss differenziert werden. Was die sprachliche Komplexität angeht, so gibt es natürlich Texte, die „einfach" sind, die also wenig komplexe grammatische Strukturen aufweisen und sich weitgehend am Alltagswortschatz orientieren. Der in diesem Kapitel vorgestellte Roman sowie wie die Texte im Kapitel „Theater- und Dramapädagogik" sind Beispiele dafür. Solche Texte gibt es allerdings auch für Erwachsene, trotzdem gelten sie mitunter als „schwierig". „Einfachheit" beinhaltet nach Maria Lypp denn auch eher die Transparenz und Klarheit der Textgestaltung (vgl. Lypp 1984). Dazu gehört z. B. die Formelhaftigkeit von Jugendbüchern, denn diese „stellt komplexe Inhalte komprimiert dar und schafft innertextliche Kohärenz und Kontinuität." (Eder 2007, 291) Des Weiteren kann man die Bildhaftigkeit der Texte anführen, die zum „essentiellen Mittel der vereinfachten Darstellung wird." (ibid., 292) Diese Elemente machen die „Einfachheit" von Jugendbüchern aus und begründen ihre Relevanz für den Einsatz im Fremdsprachenunterricht.
- Ein weiterer „Pluspunkt" sind die Themen, die in Jugendbüchern behandelt werden. JugendbuchautorInnen beschäftigen sich wesentlich häufiger mit „relevanten" gesellschaftspolitischen Fragestellungen als

deutschsprachige AutorInnen, die für Erwachsene schreiben. Von Gegensätzen zwischen Arm und Reich über die Probleme von Patchworkfamilien, die Außenseiterproblematik bis hin zur Atomgefahr reichen die Themen. Jugendbücher bieten damit einen guten Einblick in relevante Bereiche der Zielsprachenkultur, deren Problematik meist sehr deutlich auf den Punkt gebracht wird. Damit sind diese Texte auch für Erwachsene interessant, ohne dass die Gefahr einer „Infantilisierung" gegeben ist (vgl. Eder 2007, 301).

Als „goldenes Zeitalter" (Harranth 1995, 8) bezeichnet Wolf Harranth die österreichische KJL der 1970er und 1980er Jahre. Österreichische Kinder- und JugendbuchautorInnen spielten damals eine Vorreiterrolle im deutschen Sprachraum. Ohne Anspruch auf Vollständigkeit sei hier nur auf Namen wie Hans Domenego, Ernst A. Ekker, Vera Ferra-Mikura, Hilde Leiter, Mira Lobe, Lene Mayer-Skumanz, Christine Nöstlinger, Käthe Recheis, Folke Tegetthoff und Renate Welsh hingewiesen. Namhafte SchriftstellerInnen haben es nicht unter ihrer Würde gefunden, immer wieder speziell für Kinder und Jugendliche zu schreiben (u.a. Christine Busta, Barbara Frischmuth, Friederike Mayröcker, Milo Dor und Doris Mühringer) und strafen so im Grunde all jene Lügen, die noch immer versuchen, Kinder- und Jugendliteratur in die Ecke des Trivialen zu drängen, sie als zielgruppenorientierte Trivialliteratur abzuqualifizieren und von „echter" Literatur abzugrenzen (vgl. Blumesberger 2007).

Christine Nöstlinger weist unter ihren zahlreichen Kollegen und Kolleginnen wohl die „österreichischste Note" auf, ihrer Sprache wird „wienerischer Charme" bescheinigt, von den „fremden Tönen der Alpenrepublik" ist die Rede (Lerck, 1984). Viele ihrer Bücher sind dadurch gekennzeichnet, dass sich auch erwachsene LeserInnen, wenn auch auf einer anderen Ebene als die Kinder, angesprochen fühlen.

8.1. Christine Nöstlinger – „Das schriftstellernde Phänomen in der deutschsprachigen Jugendbuch-Szene"

Das weit mehr als hundert Titel umfassende Werk der 1936 in Wien geborenen Autorin lässt sich im Wesentlichen in zwei große Gruppen einteilen. Der überwiegende Teil besteht aus realistischen Erzählungen und Romanen, in denen Nöstlinger das Alltagsleben von jungen Menschen beschreibt und deren Verhältnisse zu Eltern, Großeltern, Verwandten, Bekannten, Nachbarn und gleichaltrigen Freunden schildert. Nöstlinger zeichnet sich darin durch großes Einfühlungsvermögen in die Welt von Kindern und Jugendlichen aus. Nicht umsonst sind ihre Helden weltweit zu Identifikationsfiguren für junge Leute geworden. Schauplatz von

Nöstlingers Erzählungen und Romanen sind immer wieder die Familie, die Schule, also eine überschaubare Welt, wobei sich die Autorin bewusst auf das Milieu von „kleinen Leuten", Arbeitern, städtischen Durchschnittsfamilien beschränkt. „Ich kann nur über Dinge schreiben, die ich kenne" (Nöstlinger 1986, 45), meint Nöstlinger einmal zu ihrer Selbstbeschränkung, an die sie sich konsequent hält, und rechtfertigt zugleich – mit einem Anflug von Selbstironie – die (ihr von niemandem vorgehaltene) Abwesenheit von „Indianern, Filmstars und Söhnen von Atomphysikern mit Nobelpreis" in ihrem Werk. Sie will den Interessen ihrer LeserInnen entgegenkommen. „Meine Leser haben", davon ist sie überzeugt, „Interesse an Vätern, Müttern, Tanten, Lehrern, Taschengeld und Autos" (ibid., vgl. auch Malina 2003). Der Erfolg scheint Nöstlinger Recht zu geben. Die zahlreichen Übersetzungen in viele Sprachen deuten darauf hin, dass die Eingebundenheit in das Österreichische kein Hindernis für das Verstehen von Christine Nöstlingers Texten ist. Tatsächlich sind ja familiäre und schulische Probleme, Liebeskummer, um ihre Selbstverwirklichung kämpfende Kinder, Haustyrannen, keifende Mütter und sich emanzipierende Kinder nichts spezifisch Österreichisches. Eine Identifikation mit den Charakteren Nöstlingers fällt also in jedem Falle leicht.

In einer zweiten Gruppe von Werken bedient sich Nöstlinger einer Art von „phantastischem Realismus". Der Realitätsbezug bleibt in jedem Fall erhalten, ebenso das Milieu, die Grundthematik, jedoch kippt die Wirklichkeit immer wieder ins Phantastische, es entsteht eine groteske, skurrile Welt. Das gelungenste Beispiel hierfür ist der mehrfach ausgezeichnete Roman *Wir pfeifen auf den Gurkenkönig*, in dem ein aus den Tiefen des Kellers von seinen Untertanen vertriebener Phantasie-"Gurkenkönig" in eine Wiener Durchschnittsfamilie eindringt. Durch phantastische Überzeichnung illustriert die Autorin eine durchaus reale, den Beteiligten nicht bewusste, schwelende Familienkrise.

Kinder lesen Nöstlinger vermutlich deswegen gerne, weil sie sich in ihren Helden wiedererkennen. Erwachsene empfinden, auch wenn sie es sich vielleicht nicht eingestehen wollen, ein leichtes Unbehagen in der Begegnung mit Nöstlinger-Charakteren. Ihnen wird ein Spiegel vorgehalten, der freilich verzerrt ist, zum Lachen bringt und der Irritation die Schärfe nimmt. Humor, Sprachwitz, Unbekümmertheit und ein gehöriger Schuss Situationskomik sind weitere Erfolgsingredienzien von Nöstlinger. Dazu kommt, geschickt verpackt, aber unübersehbar, das soziale Engagement, das Eintreten der Autorin für Toleranz und gegen Vorurteile, Inhumanität und Krieg.

8.2. Christine Nöstlinger: *Maikäfer flieg!*

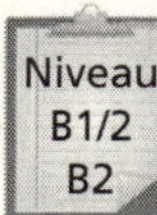

Inhalt:
Der Roman schildert das Ende des Zweiten Weltkrieges aus der Perspektive der damals achtjährigen Christl. Das erste Kapitel zeigt bereits den Ton, der das gesamte Buch prägt. Die Großmutter, eine resolute Frau, verflucht bei einem der vielen Bombenangriffe in den letzten Kriegswochen, bei dem die Hausbewohner wieder einmal im Luftschutzkeller versammelt sind, in einer Stimmung der Verzweiflung, aber auch des Trotzes und des Widerstandes den Krieg, die NS-Größen und vor allem Hitler selbst, während sie zugleich das Kind liebevoll beschützt und tröstet.
Da das Wohnhaus der Familie durch einen Bombentreffer nahezu unbewohnbar wird, übersiedelt die Familie in eine Villa in einem Vorort von Wien, während die Großeltern in der Stadt bleiben.
Das relativ unbeschwerte Leben in der Villa endet mit dem Einmarsch der sowjetischen Armee. Auch in der Villa kommt es zu Einquartierungen. Christl freundet sich mit dem russischen Soldaten Cohn an, der wegen seines Aussehens und seiner Ungeschicklichkeit von allen verspottet wird. Cohn hilft Christl schließlich, in die Innenstadt zu gelangen, damit sie ihre Großeltern besuchen kann, und wird deshalb als Deserteur verhaftet. Bald danach übersiedelt die Familie wieder in die Stadt, worüber das Mädchen gar nicht glücklich ist.

Kriterien der Textauswahl
- **Inhaltliche und sprachliche Kriterien**

Der Roman besticht durch einen spannenden Inhalt und eine lebendige, humorvolle Erzählweise. Er zeichnet sich durch eine einfache Syntax aus, was das Lesen für Nicht-MuttersprachlerInnen wesentlich erleichtert. Zusätzlich finden sich am Anfang jedes Kapitels Auflistungen von Stichwörtern, die im jeweils folgenden Kapitel vorkommen. Dies unterstützt den Leseprozess und hilft bei der inhaltlichen Gliederung des Gesamttextes. Das Buch enthält österreichische Ausdrücke, die erklärt werden müssen.
- **Aktualität**

Zwar spielt der Roman am Ende des Zweiten Weltkrieges, doch hat das behandelte Thema auch heute nichts von seiner Aktualität verloren. Ein Bezug auf aktuelle Ereignisse lässt sich leicht herstellen.

Lernziele:
- **Attitüdenbildung**

Da der gesamte Roman von einer Weltsicht der Humanität getragen ist, erkennen die Lernenden die Sinnlosigkeit des Krieges.
Die jugendlichen, vom Fernsehen mitunter zu gegenteiliger Ansicht ver-

führten LeserInnen können erkennen, dass Krieg in jedem Fall Zerstörung, Unglück und menschliches Leid bringt.
Der Roman ist ein Plädoyer für Menschlichkeit, Versöhnlichkeit und Toleranz.

- **Sprach- Lese- und Schreibkompetenz**

Die Lernenden erweitern ihren Wortschatz und trainieren ihre Lesekompetenz. Sie sammeln Argumente auf Basis eines Textes und verteidigen ihre Meinung.
Die Lernenden können Schreibanlässe zu unterschiedlichen Textsorten realisieren.

- **Interkulturelle Kompetenz und Landeskunde**

Die Lernenden erhalten neue Perspektiven auf das Thema „Zweiter Weltkrieg" und zahlreiche Informationen über die damaligen Lebensumstände (Lebensmittelknappheit, Zerstörung, Bombenangriffe usw.).
Die Lernenden bauen eventuelle Feindbildern ab, sie hinterfragen Klischees und verstehen die im deutschsprachigen Raum seit dem 2. Weltkrieg verbreitete Überzeugung, dass Krieg kein adäquates Mittel zur Lösung von Problemen ist.

Didaktisierungsvorschläge:

Die folgende Didaktisierung versteht sich nicht als ausgereiftes, universell anwendbares Modell, sondern als ein Versuch, der zum Experimentieren einladen soll, der angepasst, abgewandelt und ergänzt werden darf (und soll).
Für die Besprechung des Romans werden mindestens vier Unterrichtseinheiten vorgeschlagen, für die häusliche Lektüre sind zwei Wochen vorgesehen. Die Lektüre wird durch Arbeitsblätter mit Leitfragen und durch mehrere Zwischenbesprechungen gesteuert.
**Vorbereitungsphase*
Zur Einführung ins Thema dient das Arbeitsblatt 1. Es wird vorgeschlagen, dass die darauf angeführten Texte in drei Gruppen bearbeitet werden. Bei der Präsentation der Gruppenarbeiten soll es zu einer immer konkreteren Eingrenzung des Themas kommen.

Arbeitsblatt 1

Gruppe A:

markierung einer wende

1944	**1945**
krieg	krieg
krieg	krieg
krieg	krieg
krieg	krieg
krieg	mai
krieg	
krieg	
krieg	
krieg	
krieg	
krieg	
krieg	

(Ernst Jandl)

Arbeitsaufträge:
1. Welche Bedeutung haben wohl die Jahreszahlen?
2. Wie oft steht das Wort „Krieg" unter der jeweiligen Jahreszahl? Warum wohl?
3. Welche Bedeutung hat das Wort „mai" in diesem Gedicht?

Gruppe B:

Maikäfer flieg,
der Vater ist im Krieg.
Die Mutter ist im Pulverland,
Pulverland ist abgebrannt.
Maikäfer flieg!

Arbeitsaufträge:
1. Beim Text handelt es sich um ein Kinderlied. Welche Situation schildert es?
2. Wofür könnten das „Pulverland" und der „Maikäfer" stehen?

Gruppe C:
Lesen Sie die Vorbemerkung zum Buch. Überlegen Sie:
Wann könnte die Geschichte spielen und wann könnte sie entstanden sein? An welchen Textteilen können Sie das erkennen?

Die einzelnen Gruppen können ihre Ergebnisse im Plenum präsentieren, es bietet sich aber auch an, nach dem Prinzip „homegroup" und „workgroup" zu arbeiten. Das bedeutet, dass Gruppen zu drei Personen (je ein Mitglied aus Gruppe A, B und C) gebildet werden und die Lernenden einander von den Ergebnissen ihrer Gruppenarbeit berichten.
Im Plenum soll im Anschluss daran herausgearbeitet werden, dass

- der 2. Weltkrieg im Mai 1945 endete und
- sich darauf auch der Titel des Buches bezieht. „Maikäfer flieg" symbolisiert einerseits „Freiheit" (Maikäfer können davonfliegen), aber auch Unfreiheit (Maikäfer wurden von Kindern immer eingefangen). Die Tatsache, dass es sich um ein Kinderlied handelt, verweist darauf, dass die Geschichte aus der Perspektive eines Kindes erzählt wird.
  Das Lied ist auf CD erhältlich und kann auch vorgespielt werden. (Heribert und Johannes Grüger: *Die große goldene Liederfibel.* Düsseldorf: Patmos, 2000.)
- Die Bemerkung der Erzählerin, die Geschichte sei mehr als fünfundzwanzig Jahre alt, lässt auf das ungefähre Erscheinungsdatum des Buches (1973) schließen.
- Nachdem der historische Zeitpunkt feststeht, sollte ein kurzes Gespräch über die Ereignisse zu Kriegsende geführt werden. An dieser Stelle können auch geeignete Filme oder Bilder vorgeführt werden, die die Zerstörung Wiens 1945 veranschaulichen.

Lektüre des Buches:

Es empfiehlt sich, das erste Kapitel des Buches gesondert zu behandeln. Eine vorhergehende Lektüre zu Hause ist sinnvoll.
Das erste Kapitel führt in das Geschehen ein und enthält eine Reihe von Begriffen, die wahrscheinlich nicht bekannt sind. Das bezieht sich auf Gegenstände des Alltags, die heute nicht mehr verwendet werden, auf Namen und Funktionsbezeichnungen aus der Zeit des Nationalsozialismus sowie nicht zuletzt auf Austriazismen. (Arbeitsblatt 2a/2b)
Bewusst haben wir darauf verzichtet, zu jedem einzelnen der übrigen Kapitel Aufgaben zu gestalten. Eine solche „Überdidaktisierung" unterbricht den Lesefluss und erschwert damit den Lesegenuss. Die Aufgaben in den Arbeitsblättern 3, 4 und 5 sollen helfen, dass die Lernenden den „roten Faden" während der Lektüre nicht verlieren.

Arbeitsblatt 2a: Wortschatz

1. Welche Bedeutung des Wortes **„der Hof"** passt hier?
Kreuzen Sie an.

☐ der Landwirtschaftsbetrieb
☐ der Sitz eines Königs
☐ ein Grundstück, das von Häusern umgeben ist

2. Folgende Gegenstände kommen im Text vor. Schreiben Sie das Wort unter das Bild.

der Abfallkübel, die Klopfstange, der Hackstock, die Küchenkredenz, der Volksempfänger, das Klappstockerl

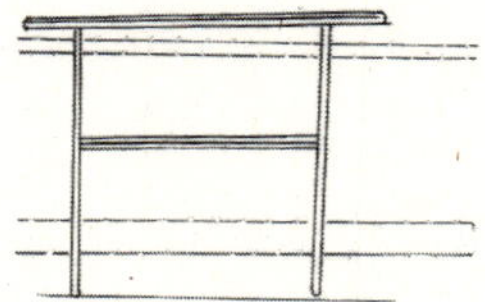

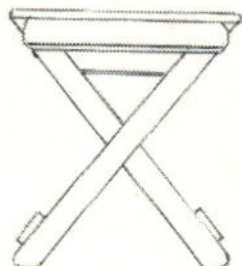

_______________ _______________ _______________

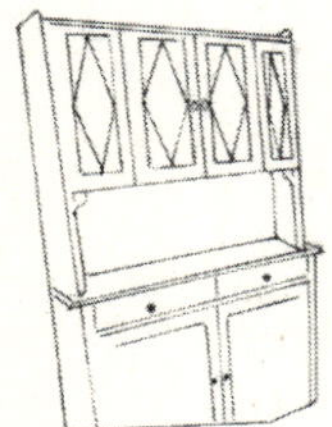

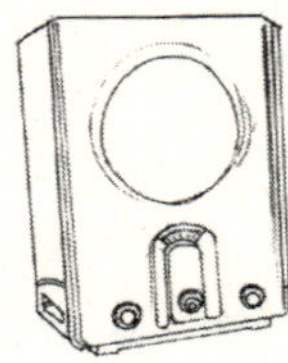

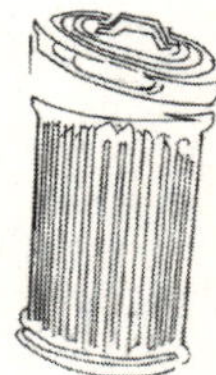

_______________ _______________ _______________

Arbeitsblatt 2b: Der Nationalsozialismus

1. Welche Erklärung passt zu wem? Ordnen Sie zu.

A Hitler _____

B Goebbels _____

C der Gauleiter _____

D die Gestapo _____

E der Blockwart _____

F der Hausvertrauensmann _____

a die geheime Staatspolizei
b ein niedriger Funktionär der NSDAP, der für einen Wohnblock verantwortlich war
c ein hoher Funktionär der NSDAP, der für ein großes Gebiet verantwortlich war
d der Sprecher aller Bewohner eines Hauses
e der „Führer" des Deutschen Reiches
f der Propagandaminister des Deutschen Reiches

2. Klären Sie in Kleingruppen die folgenden Fragen.
   - Warum will die Ich-Erzählerin nicht, dass die Großmutter im Keller über die Regierung schimpft?
   - Warum kann Frau Brenner für die Großmutter gefährlich werden?

Die restliche Lektüre erfolgt überwiegend als Hausarbeit. Je nach Situation und Klassenstärke bekommt ein Schüler/eine Schülerin bzw. eine Gruppe eine Leitfrage. Nicht alle haben so den gleichen Arbeitsauftrag, sie sollen ihre Aufmerksamkeit jeweils auf „ihre" Frage richten und zu „ExpertInnen" darin werden.
In den folgenden zwei Wochen empfehlen sich mehrere Zwischenbesprechungen, in denen die Eintragungen in den Arbeitsblättern kontrolliert sowie eventuell aufkommende Unklarheiten beseitigt werden. Auch die Zwischenbesprechungen lassen sich steuern, indem etwa die LeserInnen von Anfang an den Auftrag bekommen, die spannendste, komischste oder traurigste Stelle im Roman zu nennen, auf die sie beim Lesen gestoßen sind. *Maikäfer flieg!* bietet dafür reichlich Gesprächsstoff.

Nöstlinger: *Maikäfer flieg!*

Arbeitsblatt 3

Wie reagieren die Romanfiguren auf die Ereignisse der letzten Kriegstage? Machen Sie stichwortartige Notizen und vergessen Sie nicht auf die Seitenangabe.

Punkte, auf die Sie achten können:

Welche politische Einstellung lassen die Personen erkennen? Gibt es Anzeichen für eine Änderung der politischen Gesinnung?
Wie verhalten sie sich bei Bombenangriffen?
Wie reagieren sie auf Soldaten?
Wie meistern sie den Alltag?
Wie verhalten sich die Menschen zueinander?

Person	Verhalten	Seite

Nöstlinger: *Maikäfer flieg!*

Arbeitsblatt 4

Welche Vorstellungen haben die Romanfiguren von den Russen? Wie wirken sich diese Vorstellungen auf ihr Verhalten aus? Machen Sie stichwortartige Notizen und vergessen Sie nicht auf die Seitenangabe.

Person	Vorstellungen	Seite

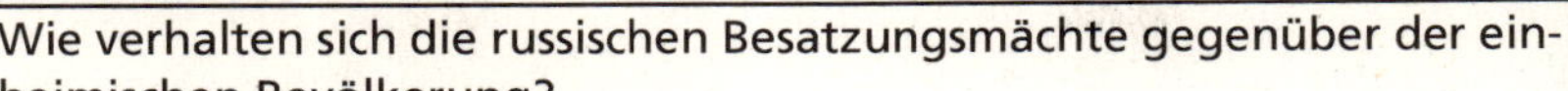

Nöstlinger: *Maikäfer flieg!*
Arbeitsblatt 5

Wie verhalten sich die russischen Besatzungsmächte gegenüber der einheimischen Bevölkerung?

Suchen Sie möglichst viele Beispiele.

Machen Sie Notizen und geben Sie die Seite an.

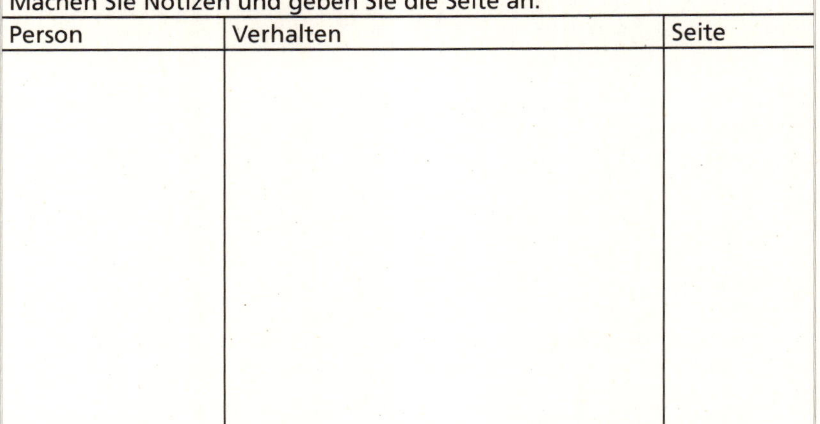

Person	Verhalten	Seite

Besprechen des Textes im Unterricht:
Bei der Besprechung des Romans empfiehlt sich zunächst eine „offene Phase", in der die Lernenden Fragen stellen, ihre Eindrücke schildern, Kritik üben können usw. Um ein Gespräch in Gang zu bringen, ist es zweckmäßig, die Lernenden immer wieder zu bitten, sie mögen ihre Erfahrungen, Eindrücke usw. kurz notieren, wobei der Lehrer/die Lehrerin bei der sprachlichen Formulierung hilfreich eingreifen kann. Anschließend werden die Arbeitsblätter mit den Leitfragen ausgewertet. Im konkreten Fall bieten sich folgende Möglichkeiten an:
Haben die SchülerInnen einzeln gearbeitet, setzen sich jene mit denselben Aufgaben zusammen, vergleichen ihre Ergebnisse und bereiten gemeinsam ein kurzes Referat vor, wobei es günstig ist, mit Folien zu arbeiten, Stichworte darauf zu notieren und diese beim Referat zu benützen.
Beim Ausfüllen der Arbeitsblätter kommt es nicht so sehr auf Vollständigkeit an. Auch wenn die Lernenden Einzelheiten übersehen haben, werden alle genug Material gefunden haben, um zu einer Diskussion beitragen zu können.
Im Anschluss an die offene Phase können in einem gelenkten Unterrichtsgespräch noch die folgenden Fragen angeschnitten werden: Welche Unterschiede im Verhalten der Romanfiguren kann man beobachten? Wie

verhält sich das Bild, das sich die Menschen von den russischen Soldaten gemacht haben, zur Realität?

Diese Fragen, Aspekte der Freundschaft zwischen dem Mädchen und Cohn, sowie grundsätzliche Bemerkungen über Personen und Vorgänge können mit Hilfe des Arbeitsblattes 6 behandelt werden, das den Lernenden nach einer ersten Besprechung mitgegeben wird. Die Resultate werden in der nächsten Stunde berichtet, eventuell nach einer Vorbesprechung mit dem Lehrer/der Lehrerin.

Nöstlinger: *Maikäfer flieg!*

Arbeitsblatt 6

Hier finden Sie einige Meinungsäußerungen zu Nöstlingers Roman. Mit welchen sind Sie einverstanden, mit welchen nicht? Bei welchen sind Sie unsicher? Begründen Sie Ihre Antwort. Benutzen Sie dazu die folgenden Redemittel:

Damit bin ich einverstanden. Ich bin derselben Meinung. Ich glaube schon. Auf jeden Fall. Ja, sicherlich.	Damit bin ich nicht einverstanden. Da bin ich anderer Meinung. Das glaube ich nicht. Absolut nicht. Nein, keinesfalls.

Ich weiß nicht.
Da bin ich mir nicht sicher.
Das kann man so nicht sagen.
Vielleicht

1. *Die Autorin macht es sich wirklich zu einfach. Der Krieg wird als abenteuerlich-exotisches Ereignis geschildert. Das Buch ist weder interessant noch komisch.*
2. *Christine Nöstlinger zeigt, dass auch ein achtjähriges Kind lebenstüchtig, mitfühlend und kritisch auf die chaotischen Zustände reagieren kann, wenn es echte Freunde hat.*
3. *Das Lesen des Buches hat mir Spaß gemacht. Mir gefällt das Mädchen. Sie ist witzig, hat Humor und zeigt immer Initiative.*
4. *Ich kann die Freundschaft zwischen dem Mädchen und dem russischen Soldaten nicht verstehen.*
5. *Nöstlinger hat die Russen viel zu sympathisch geschildert. Ich hätte als Mutter (Vater) dem Kind nie erlaubt, mit den russischen Soldaten Kontakt zu haben.*

Die Auswertung der Arbeitsblätter kann so erfolgen, dass sich die SchülerInnen mit identischen Antworten (einverstanden, nicht einverstanden, fraglich) zusammensetzen, ihre Begründungen diskutieren und aufschreiben und anschließend dem Plenum kurz mündlich berichten. Lernende können auch dazu ermuntert werden, selbst eine Meinungsäußerung in Thesenform zu schreiben.

Schriftliche Arbeiten

Unter den zahlreichen Möglichkeiten für schriftliche Arbeiten seien die folgenden herausgegriffen:

a) Buchbesprechung

Die folgenden Punkte sollen dabei beachtet werden:

- Titel und Autorin
- Kurzgefasster Handlungsablauf (Worum geht es?)
- Wirkung auf die LeserInnen (Zielgruppe; eigene Reaktion auf das Buch mit Begründung)
- An diese Romanfigur(en) erinnere ich mich am liebsten.

b) Dialogszene

Die Erzählerin trifft den Soldaten Cohn nach ... Jahren. Die beiden erinnern sich an die Ereignisse von 1945. Schreiben Sie einen kleinen Dialog.

c) Schreiben Sie einen Brief an die Autorin, in dem Sie ihr über alles Fragen stellen können, was Sie über den Roman gerne wissen möchten.

d) Schildern Sie ein Ereignis aus dem Buch aus der Sicht einer anderen beteiligten Person in Form einer Tagebucheintragung.

Textausgabe:

Nöstlinger, Christine: *Maikäfer, flieg!: Mein Vater, das Kriegsende, Cohn und ich.* Weinheim: Beltz Verlag, 1973. Taschenbuch-Ausgabe. Weinheim: Beltz Verlag, Neuauflage, 1. Mai 2001.

Literatur:

Achim von Arnim und Clemens Brentano: Maikäfer Flieg. Des Knaben Wunderhorn, Heidelberg: Mohr u. Zimmer, 1806, Melodie von Johann Friedrich Reichardt.

Blumesberger, Susanne: Kinder- und Jugendliteratur in und aus Wien im 20. Jahrhundert. Forschungsstipendium, Endbericht. 2007. <https://fedora.phaidra.univie.ac.at/fedora/get/o:836/bdef:Content/get>.

Böhmann, Marc/Schäfer-Munro, Regine (Hrsg.): *»Maikäfer, flieg!« im Unterricht: Lehrerhandreichung zum Jugendroman von Christine Nöstlinger. Klassenstufe 7-9, mit Kopiervorlagen*. Weinheim: Beltz Verlag, 2009.

Dilewsky, Klaus Jürgen: *Christine Nöstlinger als Kinder- und Jugendbuchautorin: Genres, Stoffe, Sozialcharaktere, Intentionen*. Frankfurt am Main: Haag + Herchen, 1993.

Eder, Ulrike: Die Komplexität der Einfachheit – Kinder- und Jugendliteratur im Unterricht Deutsch als Fremdsprache. In: *Jahrbuch Deutsch als Fremdsprache* 33/2007, 285–306.

Ehlers, Swantje: „Thesen zum Einsatz von Kinder- und Jugendliteratur im Unterricht Deutsch als Fremdsprache." *ÖdaF-Mitteilungen* 2, 2000, 27-33.

Freund, Winfried: *Das zeitgenössische Kinder- und Jugendbuch*. Paderborn: Schöningh, 1982.

Freund, Winfried: *Die deutsche Kinder- und Jugendliteratur der Gegenwart: Themen. Strukturen. Analysen*. Bonn: Inter Nationes, 1987.

Fuchs, Sabine/Seibert, Ernst (Hrsg.): ...weil die Kinder nicht ernst genommen werden. Zum Werk von Christine Nöstlinger. *Kinder- und Jugendbuchforschung in Österreich, Bd*. 4. Wien: Praesens, 2003.

Harranth, Wolf: Doa is noch woas drinnen für uns. Zur ganz und gar österreichischen KJL. In: *1000 und 1 Buch* 4/5, 1995, 6–9.

Jandl, Ernst: *Gesammelte Werke. Gedichte Stücke Prosa*, Darmstadt, Neuwied: Luchterhand, 1985.

Koppensteiner, Jürgen: „Christine Nöstlingers Roman Maikäfer flieg! Versuch einer didaktischen Aufbereitung." *Prisma 14.1*, 1989, 37-54.

Koppensteiner, Juergen: „Das schriftstellernde Phaenomen in der deutschsprachigen Jugendbuch-Szene": Ein Plaedoyer fuer die Arbeit mit Texten von Christine Noestlinger. In: *Die Unterrichtspraxis – teaching German Vol.* 23.2, 1990, 106-111.

Keuler, Dorothea: „Mit Phantasie gegen die alltägliche Unterdrückung: Hans Christian Andersen-Preis für Christine Nöstlinger." *Die Rheinpfalz. Ludwigshafener Rundschau* 13. Oktober 1984.

Lerck, Achim: „Die Unmoralische: Christine Nöstlinger." *Münchner Buch-Magazin* Februar 1984. In: Koppensteiner, Juergen: „Das schriftstellernde Phaenomen in der deutschsprachigen Jugendbuch-Szene": Ein Plaedoyer fuer die Arbeit mit Texten von Christine Noestlinger. In: *Die Unterrichtspraxis – teaching German Vol.* 23.2, 1990, 106-111.

Lypp, Maria: Einfachheit als Kategorie der Kinderliteratur. *Jugend und Medien. Hrsg. Winfred Kaminski, Bd.9.* Frankfurt am Main: Dipa, 1984.

Malina, Peter: „Man kann nur erzählen, was man weiß". Zu Christine Nöstliners Zeit-Geschichte(n). In: Fuchs, Sabine/Seibert, Ernst (Hrsg.): ...weil die Kinder nicht ernst genommen werden. Zum Werk von Christine Nöstlinger. *Kinder- und Jugendbuchforschung in Österreich, Bd. 4*. Wien: Praesens, 2003, 41–56.

Nöstlinger, Christine: *Geplant habe ich gar nichts: Aufsätze-Reden-Interviews*. Wien: DachsVerlag, 1996.

Nöstlinger, Christine: „Ich kann nur über Dinge schreiben, die ich kenne." In: *Nussknacker: Über Kinderbücher und Autoren*. Hrsg. Hans-Joachim Gelberg. Weinheim: Beltz und Gelberg, 1986, 45.

Nöstlinger, Christine: „Ist Kinderliteratur Literatur." In: *Nussknacker: Über Kinderbücher und Autoren*. Hrsg. Hans-Joachim Gelberg. Weinheim: Beltz und Gelberg, 1986, 25.

Nöstlinger, Christine: Ist Kinderliteratur Literatur?: Festvortrag zur Eröffnung der Österreichischen Buchwoche 85 in der Wiener Hofburg in *1001-Tausendundein Buch* N°: 1/1986, 1-5. und in: Wortmann, Christina: Der Wandel von Leitbildern in der Mädchenliteratur:http://www.mythos-magazin.de.

www.mythos-magazin.de/.../cw_maedchenliteratur.pdf (besucht 17.2.2012).

Wagner, Renate: „Aus Langeweile Schriftstellerin geworden." *Vorarlberger Nachrichten* 25. November 1986.

Wild, Reiner (Hrsg.): Geschichte der deutschen Kinder- und Jugendliteratur. Stuttgart: Metzler, 1990.

Zeichnungen: Narmin Asker, Lektorin an der Kunstfakultät der Haiwan-Universität, Kairo, 2011.

9. Ganztexte: Drei Unterrichtsskizzen

Die folgenden drei Unterrichtsskizzen sollen einerseits dazu anregen, diese bewährten Texte im Unterricht zu behandeln, andererseits zeigen, wie man mittels produktionsorientierter Techniken ohne allzu großen Aufwand mit derartigen Texten arbeiten und so Deutschlernenden den Einstieg in die Literatur erleichtern kann.

9.1. Friedrich Dürrenmatt: *Der Besuch der alten Dame*

Niveau B2

Inhalt:
Güllen ist eine verarmte Kleinstadt. Eines Tages herrscht große Aufregung, denn Claire Zachanassian, eine Multimillionärin, besucht die Stadt. Vor Jahrzehnten hat sie sie als Klara Wäscher verlassen und ist durch mehrere Ehen reich geworden. Claire Zachanassian verspricht der Stadt eine Milliarde, wenn Ill, ihr früherer Geliebter, der sie mit einem Kind hat sitzen lassen, getötet wird. Während sich die Bewohner zunächst strikt weigern, das Verbrechen zu begehen und sich auf die humanitäre Tradition der Stadt berufen, spitzt sich die Lage immer mehr zu und schließlich wird Ill getötet. Die Stadt bekommt das dringend benötigte Geld.

Kriterien der Textauswahl:

- Die Textsorte Drama als Abwechslung zu den häufig eingesetzten epischen Kurzformen bzw. zu epischen Ganztexten spricht für die Wahl des Stückes im Unterricht Deutsch als Fremdsprache/Deutsch als Zweitsprache.
- Sprachlich ist das Stück auf Grund seiner dialogischen Struktur mit den entsprechenden Textmerkmalen (kurze, parataktische Sätze, direkte Rede, geringe Abstraktion) auch für eine mäßig fortgeschrittene Gruppe geeignet.
- Der Handlungsverlauf ist spannend und der Inhalt lässt sich leicht in andere zeitliche und örtliche Umgebungen transferieren.
- *Der Besuch der alten Dame* gehört zu den Standardwerken der zeitgenössischen deutschsprachigen Literatur.

Lernziele:

- Die Lernenden lernen ein Standardwerk der deutschsprachigen Literatur des 20. Jahrhunderts kennen.
- Leseverstehen: Die Lernenden trainieren das bedeutungserschließende Lesen.
- Fremdverstehen: Die Lernenden analysieren einzelne Figuren des Dra-

mas, sie versetzen sich in die Rolle von einzelnen Protagonisten und übernehmen sie.
- Textproduktion: Die Lernenden verfassen Texte unterschiedlicher Textsorten. (Innere Monologe, Dialoge, Berichte usw.)
- Sprache:
  - Die Lernenden erweitern ihren Wortschatz und schulen ihre Kommunikationsfähigkeit.
  - Sie lernen ihre Meinung zu vertreten sowie Spekulationen anzustellen.
  - Sie können deutlich und laut und in der richtigen Satzmelodie artikulieren.

Arbeitsschritte:

1. Unterrichtseinheit

- Vorentlastung:
  Gespräche, Bilder, Filme zum Thema „Arm und Reich".
- Texteinstieg:
  Die Lernenden lesen zur sprachlichen Vorentlastung die Sätze auf Arbeitsblatt 1 und ordnen die Aussagen den Begriffen „Armut" und „Reichtum" zu. Im Anschluss wird das Ende des Dramas, von Seite 132 („Ungeheuer ist viel") bis Seite 133 („Halten wieder") gelesen und es werden die Textstellen markiert, die dieselbe Bedeutung wie die Sätze auf Arbeitsblatt 1 haben.
  (Die Zeilenumbrüche und verschiedenen Rollen des Chors können irritieren und den Lesefluss hemmen. Es empfiehlt sich daher, den Text den Lernenden zunächst als Fließtext zur Verfügung zu stellen.)
  Diese Textstelle bietet sich aufgrund seines Rhythmus auch an, mit verteilten Rollen laut gelesen zu werden.
  Hausübung: Lesen des 1. Aktes (Arbeitsblatt 2A)

2. Unterrichtseinheit:

a) Gruppenarbeiten:

1. Gruppe: *Güllen damals und jetzt*
   Die Gruppe bekommt den Auftrag, möglichst viele Begriffe zu suchen, die das Güllen von jetzt und von früher beschreiben.
2. Gruppe: *Klari Wäscher – Claire Zachanassian*
   Die Gruppe soll Begriffe suchen, mit denen Claire beschrieben wird. Möglich ist auch hier die Gegenüberstellung damals – jetzt.
3. Gruppe: *Anspielungen auf den Tod*
   Es werden Stellen im Text gesucht, die Anspielungen auf den Tod enthalten.
4. Gruppe: *Rückblick auf die Vergangenheit*
   Wer war in die Liebesgeschichte und die Vaterschaftsklage involviert?

Die Gruppen berichten über die Ergebnisse ihrer Arbeit im Plenum. (Lösungsvorschläge siehe Lösungsschlüssel)

b) Schreibaufgabe – Gruppentext:
Jede Gruppe wählt eine der Personen und verfasst gemeinsam einen Kurztext in der Ich-Form, in dem der Hergang der Geschichte erzählt wird.

c) Kreativ-produktive Arbeit mit dem Text
Kleingruppen erarbeiten Kurzdialoge:

- Kläri Wäscher, auf der Reise von Güllen nach Hamburg, kommt mit einer Mitreisenden ins Gespräch.
- Ill spricht mit Jakob Hühnlein kurz vor dem Prozess, um ihn zum Meineid zu bewegen.
- Kläri kommt zu Ill mit der Nachricht, sie sei schwanger.
- Mathilde Blumard spricht mit ihrem Freund Ill über die Gerüchte, Kläri sei schwanger. Sie ist empört. Kann er sich so eine Schande vorstellen?
- Claire Zachanassian ruft den Richter an und bietet ihm eine Stelle als Diener an.

d) Essen gehen:
Zum Abschluss der Besprechung des 1. Aktes lässt sich noch eine Übung durchführen, mit deren Hilfe die Lernenden ihre persönliche Einstellung zu den Figuren des Stückes artikulieren können.
Mit wem würden Sie am liebsten essen gehen? Markieren von „sehr gern" bis „gar nicht". (siehe Arbeitsblatt 3)
Hausübung: Lesen des 2. Aktes (Arbeitsblatt 2B)

3. Unterrichtseinheit
Zweiter Akt:
a) Wiederholung
In Plenararbeit wird an der Tafel eine Liste von allen Personen des Stücks erstellt, an die sich die Lernenden erinnern. Die Klasse wird anschließend in Gruppen geteilt. Jede Gruppe sucht dann eine Person aus und beschreibt sie nach Aussehen, Alter, Kleidung etc.

b) Meinungsumschwung
Es gibt Signale, die auf einen Meinungsumschwung der Güllener hinweisen.
Gruppenarbeit: Suchen Sie Anzeichen für den neuen Reichtum in Güllen.

c) Innerer Monolog

Die Lernenden wählen eine Person und beschreiben deren Gedanken beim Kauf von neuen Schuhen und dgl.

Alternative: einen Brief an einen Verwandten schreiben.

d) Partnerarbeit: Textabschnitte vortragen

Die Lernenden erarbeiten sich Ausschnitte aus den unten genannten Dialogen und tragen diese im Plenum vor:

Ill – Polizist (S. 62-66)
Ill – Bürgermeister (S. 67-72)
Ill – Pfarrer (S. 73-76)

e) Diskussion im Plenum

Warum fährt Ill nicht fort?

f) Essen gehen (Arbeitsblatt 3)

Hausaufgabe: Die Lernenden wählen eine der wichtigen Persönlichkeiten der Stadt (Bürgermeister, Pfarrer, Lehrer) und schreiben Tagebucheintragungen über die Ereignisse. Die Eintragungen können in der nächsten Stunde vorgelesen werden. Die Lernenden raten, von wem die jeweilige Eintragung kommt.

Lektüre des 3. Akts (Arbeitsblatt 2B)

4. Unterrichtseinheit:

3. Akt

a) Wiederholung

Jeder sagt einen Satz über das Geschehen im ersten und zweiten Akt.

b) Rollenspiel

Die Gemeindeversammlung: Die Lernenden bekommen Rollenkarten und sollen selbst die Diskussion über Ills Schicksal führen. An der Diskussion nehmen teil (je nach Gruppengröße):

- Claire Zachanassian (überlegen, siegessicher)
- Ill (ergibt sich seinem Schicksal)
- Frau Ill (keine eigene Meinung)
- Reporter (sensationslüstern). Er eröffnet die Diskussion.
- Lehrer (vollkommen betrunken)
- ein Gatte (beliebig)
- Butler (spielt richterliche Rolle)
- Güllener (je nach Bedarf und Größe der Gruppe)

Arbeitsaufgabe:
Diskutieren Sie das Schicksal Ills und finden Sie eine Lösung, die Kompromisse von beiden Seiten beinhaltet, die aber alle zufriedenstellt. Ein neues Ende ist möglich.

c) Essen gehen – Arbeitsblatt 3
Besprechen Sie zunächst in Kleingruppen und anschließend im Plenum, wie und warum sich Ihre Einstellung zu einzelnen Figuren im Lauf des Dramas geändert hat.

d) Mögliche Diskussionsthemen:

- Das Stück ist eine „tragische Komödie". Sind Sie mit dieser Bezeichnung einverstanden? Was ist „komisch" am Stück?
- Verdient Ill sein Schicksal?
- Wie unterscheidet sich der Verlauf des Dramas von Ihren Spekulationen am Anfang (Arbeitsblatt 1, Aufgabe 3)? War das „Geschick" wirklich „freundlich"?

e) Erweiterung
Mögliche schriftliche Themen:

- *Ein Zeitungsartikel über die Ereignisse in Güllen.*
- *Claire schreibt auf dem Weg nach Capri ihr Tagebuch.*
- *Interview mit Claire Zachanassian in Capri.*
- *Güllen fünf Jahre später.*
- *Sie sind mit dem Ende des Stückes nicht zufrieden. Schreiben Sie ein neues Ende.*

Arbeitsblatt 1

1. Lesen Sie die Sätze und markieren Sie, ob sie Armut (A) oder Reichtum (R) bedeuten. Vergleichen Sie Ihre Ergebnisse.

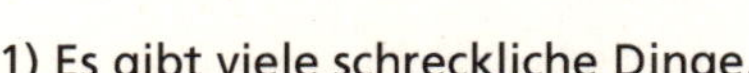

1) Es gibt viele schreckliche Dinge.
2) Er raucht billige, schlechte Zigaretten.
3) Das Mädchen spielt Tennis.
4) Ein schlimmer Tag folgt auf den anderen.
5) Viele Leute sind an den hohen Feiertagen in der Kirche.
6) Wir tragen angemessene Kleider.
7) Sie sehen Menschen, die sterben.
8) Jeder raucht jetzt bessere, teurere Zigaretten.
9) Öffentliche Verkehrsmittel halten an diesem Ort nicht.
10) Die Männer wollen sich wehren.
11) Industrielle sammeln Kunstschätze.
12) Zum Glück geht es uns jetzt gut.

2. Lesen Sie das Ende des Dramas und markieren Sie: Wie hat Dürrenmatt die obigen Aussagen formuliert?

3. Spekulieren Sie: Welches „freundliche Geschick" könnte den Reichtum gebracht haben? Und was hat das alles mit einer alten Dame zu tun?

Arbeitsblatt 2: Wortschatz

A. Im 1. Akt verstehen Sie vielleicht folgende Wörter nicht:
Ordnen Sie die Erklärungen zu. Auf welcher Seite kommt das Wort zum 1. Mal im Text vor?

1.der Pfändungsbeamte	Seite 15	a. ein Kosewort
2.spähen		b. die herrschaftliche Bedienstete (die weibliche Angestellte)
3.die Wohltätigkeit		c. der Kaufmann
4.Wildkätzchen		d. gescheitert, wenn man keinen Erfolg hat
5.Zauberhexchen		e. die soziale Hilfe
6.die Sänfte		f. der Betrieb zur Eisengewinnung

7.die Zofe		g. Jemand, der Gegenstände holt, wenn man seine Schulden nicht bezahlen kann.
8.die Marotte		h. schauen
9.die Hütte		i. der Tragsessel
10.verkracht		j. ein Kosewort
11.der Krämer		k. eine komische Angewohnheit

B. Im 2.und 3. Akt verstehen Sie vielleicht folgende Wörter nicht:
Suchen Sie Erklärungen in einem einsprachigen Wörterbuch.

die Kundgebung ______________________

aufbieten (aufgeboten) ______________________

der Meineid ______________________

die Verleumdung ______________________

das Beffchen ______________________

der Halunke ______________________

die Stiftung ______________________

Arbeitsblatt 3

Essen gehen – nach dem 1. Akt

Mit wem würden Sie am liebsten essen gehen? Markieren Sie die folgenden Personen von „sehr gern" bis „gar nicht".

Claire *sehr gern* ☐ ☐ ☐ ☐ ☐ *gar nicht*
Ill *sehr gern* ☐ ☐ ☐ ☐ ☐ *gar nicht*
Polizist *sehr gern* ☐ ☐ ☐ ☐ ☐ *gar nicht*
Bürgermeister *sehr gern* ☐ ☐ ☐ ☐ ☐ *gar nicht*
Lehrer *sehr gern* ☐ ☐ ☐ ☐ ☐ *gar nicht*

Essen gehen – nach dem 2. Akt

Mit wem würden Sie jetzt gerne essen gehen? Was hat sich geändert?

Claire *sehr gern* ☐ ☐ ☐ ☐ ☐ *gar nicht*
Ill *sehr gern* ☐ ☐ ☐ ☐ ☐ *gar nicht*
Polizist *sehr gern* ☐ ☐ ☐ ☐ ☐ *gar nicht*
Bürgermeister *sehr gern* ☐ ☐ ☐ ☐ ☐ *gar nicht*
Lehrer *sehr gern* ☐ ☐ ☐ ☐ ☐ *gar nicht*

Essen gehen – nach dem 3. Akt

Mit wem würden Sie nach dem Ende des Stückes am liebsten essen gehen?

Claire	*sehr gern*	☐ ☐ ☐ ☐ ☐	*gar nicht*
Ill	*sehr gern*	☐ ☐ ☐ ☐ ☐	*gar nicht*
Polizist	*sehr gern*	☐ ☐ ☐ ☐ ☐	*gar nicht*
Bürgermeister	*sehr gern*	☐ ☐ ☐ ☐ ☐	*gar nicht*
Lehrer	*sehr gern*	☐ ☐ ☐ ☐ ☐	*gar nicht*

Literatur:

Textausgabe:

Dürrenmatt, Friedrich: *Der Besuch der alten Dame: Eine tragische Komödie*. Neufassung 1980. Werkausgabe in dreißig Bänden. Hrsg. in Zusammenarbeit mit dem Autor. Band 5. Zürich: Diogenes, 1985.

(Taschenbuch: Diogenes Verlag, 1998.)

Filme

Der Besuch der alten Dame 2008 ORF: DVD

Der Besuch der alten Dame 1959: DVD

Einige Ideen für die Didaktisierung stammen von

Klein, Andrea/Chudoba, Gregor: „Didaktisierung von Friedrich Dürrenmatts *Besuch der alten Dame*." Proseminararbeit, Hochschullehrgang Deutsch als Fremdsprache, Karl-Franzens-Universität Graz, 1995.

Rankin, Jamie: „Re-Visiting *Der Besuch der alten Dame*: Strategies for Interpretation and Interaction at the Intermediate Level." *Die Unterrichtspraxis/Teaching German* 22.1., 1989, 24-34.

Köster, Kirsten/Löcke, Verena: Dürrenmatt, Friedrich. Ein Fach Deutsch – Unterrichtsmodelle: Friedrich Dürrenmatt *‚Der Besuch der alten Dame'*. Braunschweig/Paderborn: Bildungshaus Schulbuch Verlag Westermann/Schöningh/ Schroedel Interpretationen, 2006.

Wahl, Johannes: Lektürehilfen Friedrich Dürrenmatt *„Der Besuch der alten Dame"*. Ausführliche Inhaltsangabe und Interpretation, Stuttgart: Klett Verlag, 2009.

9.2. Peter Handke: *Wunschloses Unglück*

Niveau C1

Handke schrieb die Erzählung nach dem Selbstmord seiner Mutter. Er schildert ihr Leben, unterbricht die Handlung aber immer wieder, um über den Schreibprozess sowie über seine Beziehung zur Mutter zu reflektieren.

Inhalt:
Die Mutter wird in der Zwischenkriegszeit in einem kleinen Dorf in Südkärnten geboren. Ihr Vater erlaubt es ihr nicht, einen Beruf zu erlernen. Während des Zweiten Weltkriegs lernt sie ihre „große" Liebe kennen und bekommt ein uneheliches Kind. Sie heiratet einen Berliner und zieht nach dem Krieg nach Berlin. 1948 flüchtet die Familie über die Zonengrenze und kehrt nach Kärnten zurück. Dort lebt die Mutter das Leben vieler Frauen ihres Alters und ihrer Herkunft: Sie ist Hausfrau, ihr Mann „bringt das Geld nach Hause" und schlägt sie. Es folgen weitere Schwangerschaften und auch Schwangerschaftsabbrüche. Das Leben ohne Perspektiven und Glück verursacht schwere Depressionen. Schließlich setzt sie ihm mit Schlaftabletten und Antidepressiva ein Ende.

Kriterien der Textauswahl:
Das Thema „Selbstmord" könnte zwar für manche LeserInnen ein Tabu darstellen, trotzdem spricht vieles für eine Behandlung dieses Textes mit Deutsch-Lernenden.

- Das Thema der Erzählung, Trauer und Tod, Bewältigung der Trauer durch Schreiben, ist zeitlos.
- Die „Rolle der Frau" in einem bestimmten Milieu und zu einer bestimmten Zeit, wie sie in der Erzählung thematisiert wird, regt zu Vergleichsmöglichkeiten an.
- Die Erzählung enthält zahlreiche landeskundliche Komponenten (Geschichte Österreichs von den 1930er Jahren bis ca. 1970; die historischen und sozio-kulturellen Strukturen in einem österreichischen Bundesland).
- Die grammatischen Strukturen sind einfach, die Sprache ist aber durchaus komplex und metaphernreich.
- *Wunschloses Unglück* gehört zu den bekanntesten und erfolgreichsten Büchern der österreichischen Gegenwartsliteratur (ein „Jahrhundertbuch" nach André Heller), das in viele Sprachen übersetzt wurde.

Lernziele:

- Attitüdenbildung
  Die Lernenden vergleichen die Lebensgeschichte der Mutter mit Frauenschicksalen in anderen Ländern und Kulturen.

- Landeskunde und Fremdverstehen
  Die Lernenden sehen die politischen und gesellschaftlichen Ereignisse, die das 20. Jahrhundert prägten, aus einer sehr persönlichen Perspektive. Durch die äußerst beeindruckende Darstellung der Geschehnisse aus der Sicht der Mutter üben sie das Fremdverstehen, das Einfühlen in eine andere Person und lernen, Dinge aus einer anderen Blickwinkel zu betrachten und zu beurteilen.
- Sprache
  Die Lernenden erkennen, dass man mit Alltagswortschatz alltägliche Gegenstände und Begebenheiten sehr poetisch beschreiben kann.
  Die Lernenden bilden sich auf Basis des Textes eine eigene Meinung über das Geschehen und verteidigen diese.

Da die Erzählung nicht in Kapitel unterteilt ist, empfiehlt es sich, die folgenden Leseabschnitte festzulegen:

Abschnitt 1: Seite 9-13*
Abschnitt 2: Seite 13-39
Abschnitt 3: Seite 39-43*
Abschnitt 4: Seite 43-51
Abschnitt 5: Seite 51-55
Abschnitt 6: Seite 55-58
Abschnitt 7: Seite 58-66
Abschnitt 8: Seite 67*
Abschnitt 9: Seite 68-80
Abschnitt 10: Seite 80-89*

In den mit * versehenen Abschnitten reflektiert der Autor über sein Schreiben und seine Beziehung zur Mutter. Sie unterbrechen den „Plot" – inhaltlich wie auch sprachlich –, was das Leseverstehen erschweren kann. DaF-Lernende mit geringeren Deutschkenntnissen bzw. SchülerInnen mit Deutsch als Zweitsprache können diese Abschnitte daher auslassen.

Arbeitsschritte:
Die Arbeitsblätter 2 und 3 sollen lesebegleitend ausgefüllt werden und so einen roten Faden durch den Text bilden. Die Lernenden sollen mit Hilfe des Arbeitsblatts 2 den Lebenslauf der Mutter rekonstruieren. In Arbeitsblatt 3 soll die Wechselwirkung von politischer und persönlicher Geschichte festgehalten werden.
Zu einigen Abschnitten gibt es spezielle Arbeitsblätter.
Für die Arbeit mit dem Roman sind mindestens 5 Unterrichtseinheiten vorgesehen.

1. Unterrichtseinheit

Vorentlastung und Texteinstieg

- Assoziogramm zu den Wörtern „GLÜCK“ und „UNGLÜCK“.
  Als nächster Schritt wird die Redewendung *wunschlos glücklich sein* zur Diskussion gestellt. Anschließend wird über den Titel der Erzählung, *WUNSCHLOSES UNGLÜCK*, spekuliert. Was bedeutet diese Begriffsneuschöpfung? Worum könnte es in dieser Erzählung gehen?
- Die Lernenden bekommen das Arbeitsblatt 1 und werden aufgefordert, sich zu einer der markierten Personen einen Lebenslauf auszudenken. Zuvor sollte über das Milieu, in dem die dargestellten Personen leben, spekuliert werden. (Land oder Stadt, arm oder reich, mögliche Berufe...)
- Die Lernenden lesen die Zeitungsnotiz (Seite 7) und den Abschnitt Seite 11f „Als ich zur Beerdigung kam ... eine recht phantastische Geschichte vortragen.“
  Gespräch in der Gruppe: Warum möchte der Autor über seine Mutter erzählen?
  Hausübung: Abschnitt 2 lesen

2. Unterrichtseinheit

- Eventuell nochmaliges Hören des Abschnittes (Die Erzählung ist als Hörbuch auf CD erhältlich). Begriffe aus dem Text werden den Personen auf Arbeitsblatt 1 zugeordnet und mit den selbst verfassten Lebensläufen verglichen.
- Vergleich der Notizen auf den Arbeitsblättern 2 und 3 in Kleingruppen.
- Die Lernenden kennen vermutlich die historischen Zusammenhänge nicht, daher empfiehlt sich ein Überblick über die österreichische Geschichte der Ersten und Zweiten Republik.
  Hausübung: Lesen bis Seite 63 und Weiterführung der Arbeitsblätter 2 und 3

3. Unterrichtseinheit

- Gruppenarbeit: Arbeitsblatt 4
  Hier ist eine Differenzierung denkbar: Lernende mit geringeren Deutschkenntnissen bzw. Deutsch als Zweitsprache bearbeiten Aufgabe 1, die anderen Aufgabe 2.
- Werbung aus den 50er Jahren, z. B.:
  http://www.youtube.com/watch?v=MURBzEOf1Sg mit dem Handke-Text vergleichen.
  Gespräch: Welche Folgen könnte es haben, dass die Frauen nun „mehr Zeit für sich selber“ haben?
  Hausübung: Den Text fertig lesen

4. Unterrichtseinheit

- Gruppenarbeit (Differenzierung):
  a) Lernende mit geringeren Deutschkenntnissen zeichnen in einer Art Diagramm die einzelnen Phasen der Depression der Mutter nach. An den Höhe- bzw. Tiefpunkten sollen in Stichworten die wichtigsten Ereignisse genannt werden.
  z. B. (Literatur – Nachsichtigkeit mit Ehemann – Krankenhaus...)
  b) Lernende mit besseren Deutschkenntnissen bzw. mit Deutsch als Muttersprache setzen sich in Kleingruppen mit den Textstellen auseinander, in denen Handke persönliche Reflexionen anstellt. (Arbeitsblatt 5)
- Präsentation der Ergebnisse der Gruppenarbeit in Kurzreferaten

5. Unterrichtseinheit:

- *Stellung nehmen:* Die Lernenden bekommen unterschiedliche Meinungsäußerungen, die sich auf das Schicksal der Mutter beziehen und die allgemeine Situation der Frau thematisieren. In Einzelarbeit kreuzen sie an, mit welchen sie einverstanden sind. Die Antworten sollen mit dem entsprechenden Hinweis auf den Text begründet werden. Anschließende Diskussion. Auf diese Weise kommt es zu einer nochmaligen intensiven Auseinandersetzung mit der Erzählung. (Arbeitsblatt 6)
- Vorbereitung der weiterführenden Arbeiten, die als Hausarbeit zu erledigen sind.

Arbeitsblatt 1a

In einem Dorf in den 20er Jahren des 20. Jahrhunderts:
Erfinden Sie Kurzbiographien für die mit Pfeilen markierten Personen.

Arbeitsblatt 1b

Nach dem Lesen von Abschnitt 2:
Ordnen Sie folgende Begriffe den einzelnen Personen (Vater, Mutter, Sohn, Tochter) zu:
(Manche Begriffe kann man mehrfach zuordnen.)

Der Kleinbauer / keine Ausbildung / der Zimmermann / der Pachtzins / der Gemeinderat / das Kartenspielen / die Krankheit / keine Zukunft / das Sparen / die Arbeit als Köchin

Arbeitsblatt 2

Füllen Sie die Tabelle aus und ordnen Sie die Fotos den einzelnen Lebensabschnitten (1, 2, 3) zu.

Lebenslauf

1. Kindheit und Jugend	
Beruf der Eltern	
Geschwister	
Ausbildung	
Berufstätigkeit	
2. Ehe und Familie	
Arbeit	
Beruf(e) des Ehemanns	
Wohnorte	
Kinder	
3. Letzte Lebensphase	
Krankheitsbild	
Todesursache	

Arbeitsblatt 3

Wie beeinflusste die Politik das Leben der Mutter? Schreiben Sie in Stichworten und notieren Sie die Seitenzahlen.

Politische Geschichte	Persönliche Geschichte der Mutter
1938 Abstimmung über den Anschluss Österreichs an Hitler-Deutschland	
1939 – 1945 2. Weltkrieg	
1945 Kapitulation Deutschlands Wiedererrichtung Österreichs Aufteilung Deutschlands und Österreichs in 4 Besatzungszonen	
1955 Österreichischer Staatsvertrag	
1950er Jahre Industrialisierung und Tourismus bewirken in Österreich ein „kleines Wirtschaftswunder"	

Arbeitsblatt 4 (zu Abschnitt 6)

Haushaltsgegenstände vor 60 Jahren

1. Ordnen Sie die Bilder den genannten Gegenständen zu.
2. Finden Sie passende Adjektive für die Lücken.

Nicht nur die Kaffeemühle (1), die ja ohnedies ein liebgewordenes Spielzeug war – auch die ______________Waschrumpel(2), der ______________Feuerherd (3), die an allen Ecken geflickten ______________ Kochtöpfe (4), der ________________ Schürhaken (5), der ________________ Leiterwagen(6), die ____________________ Unkrautsichel (7), die von den ___________________ Scherenschleifern im Lauf der Jahre fast bis zur stumpfen Seite hin zerschliffenen

_______________ Messer, der _______________ Fingerhut (8), der _______________ Stopfpilz (9), das _______________ Bügeleisen (10), das für Abwechslung sorgte, indem es immer wieder zum Nachwärmen auf die Herdplatte gestellt wurde, und schließlich das GUTE STÜCK, die fuß- und handbetriebene „Singer"-Nähmaschine; – woran wieder nur die Aufzählung das heimelige ist.

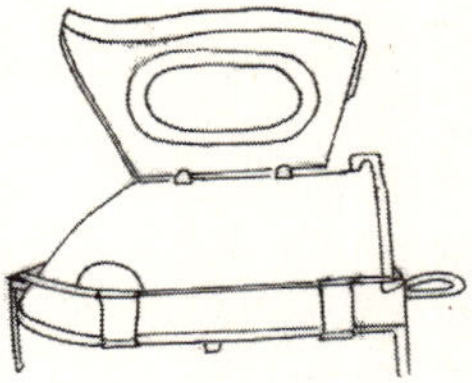

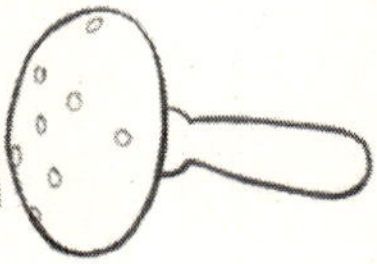

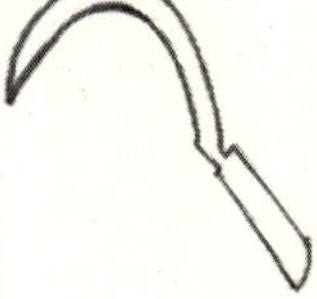

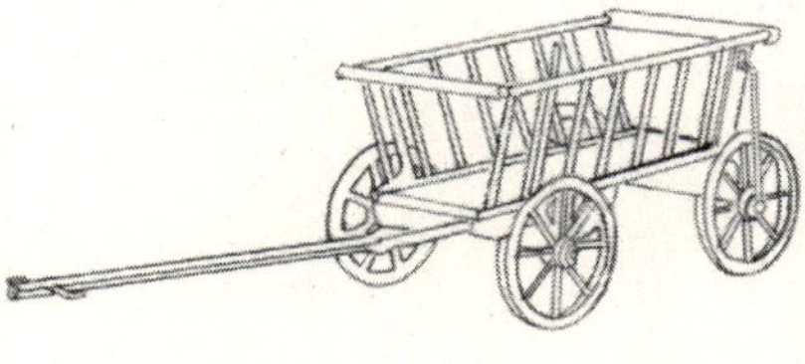

3. Lesen Sie den Text auf Seite 63f. Welche Adjektive hat Handke gewählt? Was bezweckt er mit der Wortwahl?

4. Beraten Sie in Kleingruppen: Was bedeuten die Sätze
„Die Vorteile waren in der Regel nur mangelnde Nachteile."
„Die tatsächlichen Nachteile wurden durch die fehlenden aufgehoben."

Arbeitsblatt 5

Lesen Sie den jeweiligen Abschnitt noch einmal und bearbeiten Sie die Aufgabenstellungen.

1. Abschnitt 1 (Seite 9–13):
   a) Welche Gründe nennt Handke für das Schreiben?
   b) Was würde er bei eventuellen Schreibhemmungen machen?

2. Abschnitt 3 (Seite 39–43):
   Richtig oder falsch? Wie steht es im Text? Kreuzen Sie an.

	R	F
a) Nur wenn Handke verallgemeinert, ist der Text auch für andere interessant.		
b) Handke vergisst seine Mutter immer wieder.		
c) Handke hat erkannt, dass das Niederschreiben von Tatsachen diese verfälscht.		
d) Die eigentliche Leistung eines Autors besteht darin, das Einzelschicksal in einen gesamtgesellschaftlichen Zusammenhang zu setzen.		
e) Handke schafft es, zur literarischen Figur seiner Mutter besser auf Distanz zu gehen als zur echten Mutter.		
f) Das Schreiben fällt Handke schwer, weil er sich als Autor nicht in die Figur seiner Mutter hineindenken kann.		
g) Letztlich bietet die Sprache ausgezeichnete Möglichkeiten über das Leben zu berichten.		

3. Abschnitt 10 (Seite 80–85):
   Finden Sie zu den einzelnen Teilen der Erzählung, die durch Leerzeilen voneinander getrennt sind, Überschriften.

Arbeitsblatt 6

Meinungsäußerungen

1. *Die Mutter lebt streng nach den Verhaltensregeln und Verhaltensnormen in ihrem Heimatdorf.*
2. *Diese Regeln und Normen geben ihr von vornherein keine Chance für eine Selbstverwirklichung.*
3. *Derartige Normen und Regeln bieten Sicherheit und helfen den Menschen. Niemand sollte aus ihnen ausbrechen.*
4. *Der Selbstmord der Mutter ist Folge einer Krankheit.*
5. *Der Selbstmord ist keine Krankheit.*
6. *Die Gesellschaft ist an dem Martyrium der Frau schuld.*
7. *Die Geschichte von Handkes Mutter geht außer ihren Angehörigen niemanden etwas an.*
8. *Ich finde die Darstellung des privaten Schicksals dieser Frau problematisch.*
9. *Viele Menschen werden sich mit dieser Frau identifizieren können. Es ist gut, dass Handke dieses Buch geschrieben hat.*
10. *Handke hat das Schicksal seiner Mutter ausgenützt, um mit dem Buch viel Geld zu verdienen.*

Antworten:

	ja	nein	weiß nicht	wo im Text?
1				
2				
3				
4				
5				
6				
7				
8				
9				
10				

Textproduktion:

- Der Text hat Sie sehr beeindruckt. Sie schreiben dem Autor einen Brief.
- Das Buch hat Sie irritiert. Sie machen sich Luft und schreiben dem Autor einen Brief.
- Erzählen Sie eine Episode aus dem Leben der Mutter aus der Sicht des Ehemanns oder des jüngsten Sohnes.
- Projekt:
  Recherchieren Sie (Internet, Interviews) über das Leben von Frauen im 20. Jahrhundert und vergleichen Sie deren Schicksale mit dem Leben von Handkes Mutter.

Literatur:

Anregungen zur dieser Didaktisierung stammen von Sabine Guttmann, Helga Kreuz, Sigrun Kronreif und Birgit Winkler, Teilnehmerinnen des Proseminars „Deutschsprachige Literatur des 19. und 20. Jahrhunderts im DaF-Unterricht" am Universitätslehrgang Deutsch als Fremdsprache an der Karl-Franzens-Universität Graz, 1995.

Textausgabe:

Handke, Peter: *Wunschloses Unglück*. Frankfurt a. M: suhrkamp taschenbuch 3287, 2001.

Audio CD:

Handke, Peter: *Wunschloses Unglück*. Gelesen von Bruno Ganz. Deutsche Grammophon (Universal), 2004. ASIN: B0002C5YZ2

Bildquellen:

Fotos: Familienfotos aus Privatbesitz von Dr. Eveline Schwarz.

Zeichnungen: Narmin Asker, Lektorin an der Kunstfakultät der Haiwan-Universität, Kairo, 2011.

9.3. Gottfried Keller: *Kleider machen Leute*

Die Novelle „*Kleider machen Leute*" wurde von Gottfried Keller 1872 als Teil des Erzählzyklus „*Die Leute von Seldwyla*" geschrieben.

Inhalt:
Der arbeitslose Schneidergeselle Wenzel Strapinski wird aufgrund seiner vornehmen Kleidung von den Bewohnern von Goldach für einen Grafen gehalten. Nettchen, die Tochter eines reichen Amtmanns, verliebt sich in ihn. Auf der Verlobungsfeier wird die wahre Herkunft von Strapinski aufgedeckt, der Schneidergeselle flieht. Nettchen findet ihn aber. Sie hält trotz seiner Armut zu ihm und heiratet ihn. Strapinski wird erfolgreicher Tuchhändler, die Geschichte hat also ein „Happy End".

Kriterien der Textauswahl:
- *Kleider machen Leute* wird häufig im muttersprachlichen Deutschunterricht gelesen.
- Es handelt sich um eine überschaubare und humorvolle Erzählung mit einer klaren Linienführung. Aufgrund der altertümlichen Sprache können aber Zweitsprachenlernende Verstehensprobleme haben.

Lernziele:
- Lernende mit Deutsch als Zweitsprache können sich ein wichtiges Werk der deutschen Literatur des 19. Jahrhunderts erschließen.
- Dadurch erkennen sie die zeitlosen Elemente von alten literarischen Texten.
- SchülerInnen mit Migrationshintergrund setzen sich mit lexikalischen Besonderheiten einer altertümlichen Sprache auseinander.

Arbeitsschritte:
Für den muttersprachlichen Deutschunterricht gibt es eine Reihe von Didaktisierungsvorschlägen zur Erzählung, die der Rezeptionsästhetik verpflichtet sind. Als Beispiel seien hier genannt: Keller, Gottfried: Kleider machen Leute, Arbeitsheft – ab 7./8. Klasse, Klett-Verlag, sowie die dazugehörenden Unterrichtsskizzen, die man kostenlos downloaden kann (siehe Literaturangabe).
Ziel der hier vorgestellten Didaktisierung ist es, dass Zweitsprachenlernende sich am Regelunterricht beteiligen können und dass immer wieder Aktivitäten im Klassenzimmer stattfinden, die beide Gruppen, SchülerInnen mit Deutsch als Muttersprache und solche mit Deutsch als Zweitsprache zusammenführen (gekennzeichnet mit ↔). Es handelt sich bei den hier vorgestellten Unterlagen nicht um eine vollständige Didaktisierung, sondern um unterstützende Zusatzmaterialien.

Dazu gehören:

- Vorschläge zum Texteinstieg ↔
- Eine vereinfachte Inhaltsangabe
- Ein Arbeitsblatt zur Zuordnung von Zwischenüberschriften ↔
- Vorschläge zur Arbeit mit dem Originaltext an 3 Textbeispielen
- Vorschläge zur Texterweiterung ↔

a) Vorbereitungsphase

- Bildimpulse: ↔
  Zwei Möglichkeiten bieten sich an: Mode im 19. Jahrhundert oder eine Collage aus aktuellen Modejournalen. Die Lernenden spekulieren über den Inhalt der Geschichte bzw. äußern ihre Meinung zu der Redewendung „Kleider machen Leute".
- Arbeit mit Wortkarten: ↔
  Die Lernenden bekommen Schlüsselwörter aus dem Text, mit denen sie in Partnerarbeit eine kleine Geschichte verfassen sollen. Mögliche Schlüsselwörter: *armer Schneidergeselle, eine prächtige Kutsche, elegant gekleidet, Gasthof, Graf, Buchhalter, eine junge Dame, ein Ball, Hochzeit.*

Die Geschichten werden miteinander verglichen.

b) Präsentation/Textarbeit

Die DaZ-Lernenden bekommen kurze Inhaltsangaben zu einzelnen Abschnitten des Originaltextes (der von den MuttersprachlerInnen gelesen wird), die folgendermaßen festgelegt wurden:

Abschnitt 1: Seite 3-4:26
Abschnitt 2: Seite 4:27-12.04
Abschnitt 3: Seite 12.05-20:34
Abschnitt 4: Seite 21:01-27:10
Abschnitt 5: Seite 27:11-31:23
Abschnitt 6: Seite 31:24-40:31
Abschnitt 7: Seite 40:32-52:27
Abschnitt 8: Seite 52:28-58

Abschnitt 1

Ein armer, aber elegant gekleideter Schneider wandert an einem kalten Novembertag von Seldwyla nach Goldach. Ein Kutscher bietet ihm an, ihn mitzunehmen.

Abschnitt 2

Als der Schneider vor dem Gasthof zur Waage aus der prächtigen Kutsche aussteigt, halten ihn die Leute für einen Prinzen oder Grafensohn. Er wird in die Gaststube geführt, wo er mit den besten Speisen und Getränken bewirtet wird. Zunächst zögert er, doch dann lässt er sich alles schmecken. Der Kutscher erlaubt sich einen Spaß und nennt seinen „Herren" Graf Strapinski, bevor er weiterfährt.

Abschnitt 3

Die Stammtischrunde des Gasthofes interessiert sich für Strapinski – der Schneider heißt tatsächlich so – und lädt ihn zu einem Ausflug auf das Gut des Amtsrates ein. Beim Kartenspielen gewinnt Strapinski viel Geld. Er sucht nun eine Gelegenheit zu fliehen, doch laden ihn der Amtsrat und dessen Tochter Nettchen zum Abendessen ein. Strapinski überlegt es sich und bleibt.

Abschnitt 4

Strapinski wird in den Gasthof zurückgebracht, und es stellt sich heraus, dass er kein Gepäck hat. Der Wirt überlässt ihm ein prächtiges Zimmer, und Strapinski schläft erschöpft ein. Die Stadtbewohner halten ihn für einen Verfolgten und bringen ihm Kleidung und andere notwendige Dinge. Am nächsten Morgen besichtigt er die Stadt und beschließt weiterzuziehen. In dem Moment kommt Nettchen, und Strapinski kehrt in die Stadt zurück.

Abschnitt 5

Den Schneider plagt das schlechte Gewissen. Er hat Angst, als Hochstapler entdeckt zu werden, und beschließt mit seinen Lotteriegewinnen, seine Schulden zu bezahlen und die Stadt zu verlassen. Nettchen, die sich in ihn verliebt hat, hält ihn jedoch zurück. Strapinski erkennt, dass auch er verliebt ist. Er hält beim Amtsrat um die Hand Nettchens an, dieser stimmt widerstrebend zu, und es kommt zur Verlobung.

Abschnitt 6

Anlässlich der Verlobung wird eine Schlittenfahrt veranstaltet, und in einem Gasthof zwischen Seldwyla und Goldach gibt es einen großen Ball. Die Seldwyler führen für die Goldacher Gesellschaft einen Schautanz auf, bei dem sie Strapinski als armen Schneider entlarven. Strapinski beginnt zu weinen, verlässt den Saal und legt sich in seiner Verzweiflung neben der Straße in den Schnee.

Abschnitt 7

Nettchen folgt ihrem Bräutigam, findet ihn halb erfroren und fährt mit ihm zu einem Bauernhof, wo sie freundlich aufgenommen werden. Er erzählt ihr seine Geschichte, Nettchen verzeiht ihm und will ihn trotz allem heiraten.

Abschnitt 8

Nettchen gelingt es, die Widerstände ihres Vaters und der Goldacher zu überwinden. Es wird Hochzeit gefeiert, Strapinski wird ein tüchtiger Geschäftsmann und übersiedelt später mit seiner Familie nach Goldach, wo er ein angesehener Bürger wird.

Arbeitsblatt 1

1. Überprüfung des Textverständnisses ↔

Ordnen Sie die folgenden Überschriften den einzelnen Abschnitten zu. 2 Überschriften passen zu keinem Abschnitt.

	Abschnitt
a) Ein Skandal!	____
b) Glück im Spiel	____
c) Der Vater verbietet die Heirat	____
d) Der Kutscher sorgt für eine Verwechslung	____
e) Die Liebe besiegt das schlechte Gewissen	____
f) Ein Wettkampf zwischen Goldach und Seldwyla	____
g) Ende gut, alles gut	____
h) Die Goldacher helfen dem vermeintlichen Grafen	____
i) Ein Schneider auf Tour	____
j) Wahre Liebe überwindet die Enttäuschung	____

2. Schreiben Sie einen Steckbrief.

WENZEL STRAPINSKI: *Betrügerischer Schneidergeselle gesucht*

Name	
Alter	
Herkunft	
Familienstand	
Beruf	
Aussehen	
Eigenschaften	
Sonstiges	

Arbeitsblatt 2
Textarbeit – Originaltext:

Text 1

1. Lesen Sie den Text und überlegen Sie, in welchen Abschnitt(1 – 8) er passen könnte.

Nun wurde die Forelle aufgetragen, mit Grünem bekränzt, und der Wirt legte ein schönes Stück vor. Doch der Schneider, von Sorgen gequält, wagte in seiner Blödigkeit nicht, das blanke Messer zu brauchen, sondern hantierte schüchtern und zimperlich mit der silbernen Gabel daran herum. Das bemerkte die Köchin, welche zur Türe hereinguckte, den großen Herrn zu sehen, und sie sagte zu den Umstehenden: »Gelobt sei Jesus Christ! Der weiß noch einen feinen Fisch zu essen, wie es sich gehört (a), der sägt nicht mit dem Messer in dem zarten Wesen herum, wie wenn er ein Kalb schlachten wollte. Das ist ein Herr von großem Hause (b), darauf wollt' ich schwören (c), wenn es nicht verboten wäre! Und wie schön und traurig er ist! Gewiß ist er in ein armes Fräulein verliebt, das man ihm nicht lassen will! Ja, ja, die vornehmen Leute haben auch ihre Leiden!

2. Schreiben Sie die unterstrichenen Textteile in der heute üblichen Sprache.

a) ____

b) ____

c) ____

Text 2

1. Lesen Sie den Text und überlegen Sie, in welchen Abschnitt er passen könnte.

»So hat sich denn das Schicksal und der Wille dieses törichten (1) Mädchens erfüllt! Schon als Schulkind behauptete sie fortwährend (2), nur einen Italiener oder einen Polen, einen großen Pianisten oder einen Räuberhauptmann mit schönen Locken heiraten zu wollen, und nun haben wir die Bescherung! Alle inländischen wohlmeinenden (3) Anträge hat sie ausgeschlagen (4), noch neulich mußte ich den gescheiten und tüchtigen Melchior Böhni heimschicken, der noch große Geschäfte machen wird, und sie hat ihn noch schrecklich verhöhnt (5), weil er nur ein rötliches Backenbärtchen trägt und aus einem silbernen Döschen schnupft! Nun, Gott sei Dank, ist ein polnischer Graf da aus wildester Ferne! Nehmen Sie die Gans, Herr Graf, und schicken Sie mir dieselbe wieder, wenn sie in Ihrer

Polackei friert und einst (6) unglücklich wird und heult! Nun, was würde die selige Mutter für ein Entzücken genießen, wenn sie noch erlebt hätte, daß das verzogene Kind eine Gräfin geworden ist!«

2. Durch welches Wort könnte man die unterstrichenen Wörter ersetzen? Markieren Sie es.

   (1) dumm/albern/unglücklich

   (2) oft/ständig/manchmal

   (3) günstig/nett/liebenswürdig

   (4) vergessen/missbraucht/abgelehnt

   (5) ausgelacht/getäuscht/weggeschickt

   (6) früher/eines Tages/neulich

Text 3

1. Lesen Sie den Text und überlegen Sie, in welchen Abschnitt er passen könnte.

Was die Ereignisse in Goldach betraf, so wies der Advokat nach, daß Wenzel sich eigentlich gar nie selbst für einen Grafen ausgegeben, sondern daß ihm dieser Rang von andern gewaltsam verliehen worden; daß er schriftlich auf allen vorhandenen Belegstücken mit seinem wirklichen Namen Wenzel Strapinski ohne jede Zutat sich unterzeichnet hatte und somit kein anderes Vergehen vorlag, als daß er eine törichte Gastfreundschaft genossen hatte, die ihm nicht gewährt worden wäre, wenn er nicht in jenem Wagen angekommen wäre und jener Kutscher nicht jenen schlechten Spaß gemacht hätte.

2. Der Advokat schreibt ein Gutachten. Wie lautet es? Schreiben Sie im heutigen Sprachgebrauch.

Herr Wenzel Strapinsky hat sich nie selbst als Graf ausgeben, sondern

____.

*Er hat*____.

Nach dem Lesen:
Rollenspiel: ↔
Am Tag nach dem Skandal findet die Unterredung zwischen dem Amtsrat, Nettchen, Strapinski, Melcher Böhni und dem Rechtsanwalt statt. Die Lernenden werden in vier Gruppen unterteilt. Jede Gruppe wählt eine Rollenkarte aus und versucht, sich in die jeweilige Rolle hineinzuversetzen und die entsprechenden Argumente für die Diskussion vorzubereiten. Die Aufgabe des Lehrers/der Lehrerin besteht darin, die Diskussion zu überwachen, Hilfe zu leisten und gegebenenfalls lenkend einzugreifen. Jeweils ein Gruppenmitglied wird als DiskutantIn ausgewählt, die anderen Gruppenmitglieder unterstützen es.

Amtsrat:
Nettchen ist ihr einziges Kind. Sie wollen nur ihr Glück. Melcher Böhni ist für Sie der ideale Schwiegersohn. Strapinski kommt nicht in Frage. Sie versuchen Nettchen davon zu überzeugen. Sie drohen mit Enterbung.

Nettchen:
Sie lieben Strapinski und wollen keinen anderen, schon gar nicht Melcher Böhni. Niemand kann Sie von Ihrem Entschluss abbringen, Strapinski zu heiraten. Sie betonen Ihre Volljährigkeit.

Melcher Böhni:
Sie sehen nun Ihre große Chance, Strapinski auszustechen und Nettchen doch noch zu bekommen. Sie überzeugen Nettchen, dass Sie der ideale und einzig richtige Mann für sie sind. Sie machen Strapinski auf allen Ebenen schlecht.

Rechtsanwalt:
Sie haben herausgefunden, dass gegen Strapinski nichts vorliegt, dass er einen guten Ruf und sich nie als Graf ausgegeben hat. Sie versuchen, den Amtsrat und Böhni davon zu überzeugen, 1. dass Nettchen volljährig und 2. dass Strapinski unschuldig ist.

2. Schreiben Sie ein neues Ende. Wählen Sie dafür eine der folgenden Möglichkeiten.
   a) Strapinski verlässt das Fest und verschwindet spurlos.
   c) Strapinski wird gefasst und kommt vor Gericht.
   d) Strapinski beginnt unter einem anderen Namen ein neues Leben und wird ein sehr erfolgreicher Mann.

Literatur:

Anregungen zur dieser Didaktisierung stammen von Sabine Guttmann, Helga Kreuz, Sigrun Kronreif und Birgit Winkler, Teilnehmerinnen des Proseminars „Deutschsprachige Literatur des 19. und 20. Jahrhunderts im DaF-Unterricht" am Universitätslehrgang Deutsch als Fremdsprache an der Karl-Franzens-Universität Graz, 1995.

Textausgabe:
Keller, Gottfried: *Kleider machen Leute*. Universal-Bibliothek 7470. Stuttgart: Reclam, 2000.
Keller, Gottfried: *Kleider machen Leute*
Arbeitsheft, Klett-Verlag.
http://www.klett.de/sixcms/media.php/10/tb_lk_262690.pdf

10. Kurztexte

Krenn plädiert für den Einsatz von literarischen Kurztexten im fremdsprachlichen Unterricht, da sie unter bestimmten Bedingungen ein schnelleres und effizienteres Erwerben von einzelnen Fertigkeiten erlauben. Voraussetzung dafür ist unter anderem, dass die Aufgabenstellungen „die Aufmerksamkeit der Lernenden auf relevante lexikalische Einheiten" lenken (Krenn 2003, 26). Eine verlangsamte Form der Textpräsentation scheint ihm beispielsweise ein probates Mittel dafür zu sein.

In der Folge werden Didaktisierungen von drei literarischen Kurztexten auf unterschiedlichen sprachlichen Niveaus vorgestellt.

Kriterien der Textauswahl:

- Die Texte kommen immer wieder auch in muttersprachlichen Deutschlese- und Sprachbüchern vor. Die LehrerInnen bekommen Anregungen für einen binnendifferenzierten Unterricht Deutsch als Muttersprache/ Deutsch als Zweitsprache.
- Die Texte sind geeignet, bei den Lernenden Neugier zu wecken und so die Auseinandersetzung mit ihnen zu motivieren.
- Aufgrund des geringen Umfangs sind die Texte gut in den laufenden Unterricht einzubinden.

Lernziele:

- Die Lernziele sind abhängig von der konkreten Zielgruppe und der Unterrichtssituation. Daraus resultiert die konkrete Aufgabenstellung (vgl. Krenn 2003).
- Die Lernenden üben das intensive Lesen und schulen ihre Sprachaufmerksamkeit. Dies ermöglicht einen effizienten Sprachlernprozess.
- Sie lernen einen deutschsprachigen literarischen Text kennen.

10.1. Alois Brandstetter: Warten

Wenn die Armen auf die Reichen warten,
wenn die Kleinen auf die Großen warten,
wenn die Fans auf den Star warten,
wenn die Schüler auf den Lehrer warten,
wenn die Schwarzen auf die Weißen warten,
wenn die Arbeiter auf den Chef warten,
wenn die Völker auf die Regierungen warten,

ja dann müssen sie eben ein wenig warten.

Herrschaften kommen mit kleinen Verspätungen und
müssen etwas früher weg.

Textpräsentation:
Abwechselnd werden der erste und der zweite Satzteil jeder Zeile auf Overheadfolie oder mit Power Point präsentiert. Die Lernenden sollen spontan mögliche Ergänzungen vorschlagen, dann werden die Vorschläge mit dem Original verglichen.

Wenn die Armen auf ________________,

________________ *die Großen warten,*

...

ja dann müssen sie ________________

Der letzte Satz wird vollständig präsentiert. Das Wort „Herrschaften" kann mit „wichtige Personen" erklärt werden.
Textproduktion:
Nach einer entsprechenden sprachlichen Vorbereitung werden ähnliche Texte geschrieben. Auch Varianten mit anderen Verben mit Präpositionen (Freuen, Lachen,...) sind möglich.

10.2. Marie Luise Kaschnitz : Das letzte Buch

Niveau B1

Textpräsentation:
Die Lernenden bekommen die ersten drei Sätze:

Das Kind kam heute spät aus der Schule heim. Wir waren im Museum, sagte es. Wir haben das letzte Buch gesehen.

In einem Gruppen- oder Klassengespräch wird nun spekuliert:
a) Wann spielt die Geschichte? Könnte es sich um ein spezielles Buch handeln? Warum ist das Buch im Museum ausgestellt?
b) Wie reagiert wohl der Vater/die Mutter? Was könnte das Kind noch über den Museumsbesuch erzählen?
Als nächster Schritt wird der restliche Text verteilt, allerdings werden Wörter, die die Lernenden vielleicht nicht kennen bzw. die für den Text eine besondere Bedeutung haben, weggelassen:

Arbeitsblatt:

__________ blickte ich auf die lange Wand unseres Wohnzimmers, die früher einmal mehrere Regale voller Bücher verdeckt haben, die aber jetzt leer ist und weiß __________, damit das neue plastische Fernsehen darauf erscheinen kann. Ja und, sagte ich __________, was war das für ein Buch? Eben ein Buch, sagte das Kind. Es hat einen Deckel und einen Rücken und Seiten, die man umblättern kann. Und was war darin gedruckt, fragte ich. Das kann ich doch nicht wissen, sagte das Kind. Wir durften es nicht __________. Es liegt unter Glas. Schade, sagte ich. Aber das Kind war schon weggesprungen, um an den Knöpfen des Fernsehapparates zu drehen. Die große weiße Wand fing an sich zu __________, sie zeigte eine Herde Elefanten, die im Fluß eine __________ durchquerten. Der trübe Fluß __________, die eingeborenen Treiber schrien. Das Kind hockte auf dem Teppich und sah die riesigen Tiere mit __________ an. Was kann da schon drinstehen, murmelte es, in so einem Buch.

Die Lernenden sollen in Partnerarbeit versuchen, die Lücken zu füllen. Dabei wird ihr Augenmerk auf die sprachlichen Besonderheiten des Textes gelenkt. Im Anschluss vergleichen sie ihre Version mit dem Originaltext (auch unter Zuhilfenahme des Wörterbuches) unter folgenden sprachlichen Aspekten:

- Haben wir dasselbe Wort gewählt.
- Haben wir ein Synonym gewählt. (z. b. *gestrichen* für *getüncht*)
- Haben wir ganz andere Begriffe als die Autorin gefunden? Wodurch unterscheidet sich aufgrund dessen die Aussage des Originaltextes von unserem Text?

Inhaltliche Aspekte:

- Gibt es Unterschiede zwischen dem Originaltext und unseren anfänglichen Spekulationen?

Im Anschluss bietet sich eine Diskussion an mit der Ausgangsbehauptung: „Was kann schon in so einem Buch drinstehen. Fernsehen ist viel lebensnaher."

Originaltext: Marie Luise Kaschnitz: *Das letzte Buch*

Das Kind kam heute spät aus der Schule heim. Wir waren im Museum, sagte es. Wir haben das letzte Buch gesehen. Unwillkürlich blickte ich auf die lange Wand unseres Wohnzimmers, die früher einmal mehrere Regale voller Bücher verdeckt haben, die aber jetzt leer ist und weiß getüncht, damit das neue plastische Fernsehen darauf erscheinen kann. Ja und, sagte ich erschrocken, was war das für ein Buch? Eben ein Buch, sagte das Kind. Es hat einen Deckel und einen Rücken und Seiten, die man umblättern kann. Und was war darin gedruckt, fragte ich. Das kann ich doch nicht wissen, sagte das Kind. Wir durften es nicht anfassen. Es liegt unter Glas. Schade, sagte ich. Aber das Kind war schon weggesprungen, um an den Knöpfen des Fernsehapparates zu drehen. Die große weiße Wand fing sich an zu beleben, sie zeigte eine Herde von Elefanten, die im Fluss eine Furt durchquerten. Der trübe Fluß schmatzte, die eingeborenen Treiber schrien. Das Kind hockte auf dem Teppich und sah die riesigen Tiere mit Entzücken an. Was kann da schon drinstehen, murmelte es, in so einem Buch

10.3. Bertold Brecht: Freundschaftsdienste

Vorentlastung:
Die Lernenden werden aufgefordert, einen Text mit folgenden Wörtern zu schreiben:

Araber – Testament – Brüder – Kamele – gerecht.

Textpräsentation:
Der Text wird als Cloze-Text präsentiert, bei dem jedes 10. Wort ausgelassen wurde. Die fehlenden Wörter werden in lernschwächeren Gruppen vorgegeben. Im muttersprachlichen Deutschunterricht können die Lernenden auch versuchen, ohne Vorgaben die Lücken zu füllen.

Arbeitsblatt:

alten • das • die • ein • erneuernd • geführt • im • Kamel • können • sich • soll • teilt • übernimm • und • Vater • weil • Wie • Zu • zu

Als Beispiel für die richtige Art, Freunden einen Dienst _____ **1)** erweisen, gab Herr K. folgende Geschichte zum Besten. „Zu einem ________ **2)** Araber kamen drei junge Leute und sagten ihm: »Unser ________ **3)** ist gestorben. Er hat uns siebzehn Kamele hinterlassen und _____ **4)** Testament verfügt, dass der Älteste die Hälfte, der zweite _____ **5)** Drittel und der Jüngste ein Neuntel der Kamele bekommen ______ **6)**. Jetzt können wir uns über die Teilung nicht einigen; ____________ **7)** du die Entscheidung!« Der Araber dachte nach und sagte: »_____ **8)** ich es sehe, habt ihr, um gut teilen zu _________ **9)**, ein Kamel zuwenig. Ich habe selbst nur ein einziges ________ **10)**, aber es steht euch zur Verfügung. Nehmt es und ________ **11)** dann, und bringt mir nur, was übrigbleibt. Sie bedankten ______ **12)** für diesen Freundschaftsdienst, nahmen das Kamel mit und teilten _____ **13)** achtzehn Kamele nun so, dass der Älteste die Hälfte, _____ **14)** sind neun, der Zweite ein Drittel, das sind sechs, _____ **15)** der Jüngste ein Neuntel, das sind zwei Kamele bekam. _____ **16)** ihrem Erstaunen blieb, als sie ihre Kamele zur Seite __________ **17)** hatten, ein Kamel übrig. Dieses brachten sie, ihren Dank ______________ **18)**, ihrem alten Freund zurück.« Herr K. nannte diesen Freundschaftsdienst richtig, ______ **19)** er keine besonderen Opfer verlangte.

Arbeit mit dem Text:

1. Stimmt die Rechnung tatsächlich? Rechnen Sie nach!

2. Beschreiben Sie Ihre Reaktion auf diese Parabel. Hier sind einige Adjektive, die Ihnen helfen können. Streichen Sie zunächst alle Wörter, die

Ihrer Meinung nach nicht passen. Wählen Sie dann 5 Wörter aus, die gut passen und begründen Sie Ihre Wahl.

lustig	banal	philosophisch	beuhruhigend	interessant
lächerlich	sachlich	überraschend	phantasievoll	unglaublich
grotesk	unsinnig	alltäglich	unheimlich	verwirrend

3. Paraphrasieren Sie folgende Formulierungen aus dem Text:
   a) Zu ihrem Erstaunen blieb … ein Kamel übrig.
   b) ihren Dank erneuernd.
   c) … gab Herr K. folgende Geschichte zum Besten.
   d) es steht euch zur Verfügung.
   e) Herr K. nannte diesen Freundschaftsdienst richtig.

4. Der Text lässt sich auch gut dramatisieren und darstellen.

Textproduktion
Im Anschluss kann ein Text zum Thema „Ein echter Freundschaftsdienst" verfasst werden.

Textausgaben:

Brandstetter, Alois: *Überwindung der Blitzangst, Kurzprosa*. St.Pölten, Salzburg, Wien: Residenz Verlag im Niederösterreichischen Pressehaus Druck- u. Verlagsgesellschaft mbH, 1970, und in: *Von den Halbschuhen der Flachländer und der Majestät der Alpen*. Frühe Prosa. Salzburg: Residenz Verlag 1980, 108.

Brecht, Bertold: Freundschaftsdienste. Textauszug aus: *Geschichten vom Herrn Keuner*. Berlin: Suhrkamp Verlag, 2006.

Kaschnitz, Marie Luise: Das letzte Buch. Textauszug aus: *Steht noch dahin, Neue Prosa*. Frankfurt am Main: Insel Verlag, 1970.

Literatur:

Krenn, Wilfried: Alles ist Grammatik. In: Portmann-Tselikas, Paul/Schmölzer-Eibinger, Sabine (Hrsg.): *Grammatik und Sprachaufmerksamkeit*. Innsbruck: Studienverlag, 2001.

Krenn, Wilfried: Garnierung oder Hauptgericht? Überlegungen zum Einsatz literarischer Kurztexte im Unterricht Deutsch als Fremdsprache. In: Krumm, Hans-Jürgen/Portmann-Tselikas, Paul R. (Hrsg.): Theorie und Praxis. *Österreichische Beiträge zu Deutsch als Fremdsprache in Österreich. 8/2002.* Innsbruck: Studienverlag, 2003, 15–40.

11. Theater- und Dramapädagogik

Seit den 1990er Jahren beschäftigt man sich im deutschen Sprachraum intensiver mit den Einsatzmöglichkeiten von Drama- und Theaterpädagogik im Fremdsprachenunterricht.

Dramapädagogik ist eine ganzheitliche Lehr- und Lernmethode, deren Schwerpunkt im Prozess, nicht im Ergebnis liegt. Theaterpädagogik hat das Ziel, die Ausdrucksmöglichkeiten und –fähigkeiten der Spielenden zu schulen. Der Schwerpunkt liegt in einem präsentierbaren Ergebnis (vgl. Finch, 12f). Beide Methoden haben jedoch Berührungspunkte. Dramapädagogische Techniken sowie Spiele bilden auch die Basis für die Theaterpädagogik (vgl. ibid.).

Was kann die Dramapädagogik?

- Lernende können ihre Emotionen, Vorstellungen und ihr Weltwissen einbringen.
- Damit haben sie die Möglichkeit, die fremde Sprache in Verbindung mit Emotionen und Handlungen zu erfahren.
- Sprechängste werden reduziert und Sprachhemmungen können überwunden werden.
- Körpersprache und rituelles Verhalten können erleb- und erfahrbar gemacht werden.
- Dialoge werden wirklich gespielt und nicht nur vorgelesen.
- Das von der Rezeptionsästhetik geforderte Füllen von Leerstellen im Text wird gefördert (vgl. Cieslak 2010, 85 ff).
- „Die im Spiel eingenommene Rolle bietet eine Vielzahl von Möglichkeiten zum einfühlenden Verstehen (Empathie) und zu neuen, ungewohnten Erfahrungen und Verhaltensweisen.“ (Tselikas 1999, 22)

Elektra Tselikas schlägt für eine Unterrichtssequenz drei Phasen vor:

Phase 1 Verkörperung: Diese Phase „lässt Bilder, Metaphern aufkommen, die sich zu Geschichten und Szenen entwickeln können.“ (ibid. 25)

Phase 2.1 Projektion: Sie bildet den Hauptteil der Unterrichtseinheit. Personen, Orte, Beziehungen werden entworfen.

Phase 2.2 Rollenspiel, Konkretisierung der Rollen.

Phase 3 Ausstieg, Abschluss: Rückkehr in die Alltagsrealität (vgl. ibid.).

In der Dramapädagogik bilden häufig bestimmte Kommunikationssituationen, Bilder und dergleichen aber auch literarische Texte die Basis für die Spielsequenz. In den folgenden Didaktisierungen arbeiten wir natürlich mit literarischen Texten. Grundsätzlich bieten sich verschiedene Textsorten an, vom Gedicht bis hin zum „richtigen“ Drama. Es geht aber nicht um die Bearbeitung eines gesamten „Theaterstückes", das dann wirklich aufgeführt wird, sondern um kurze Szenen, deren Erarbeitung in den Unterricht integriert werden kann. Wenn am Ende eine Präsentation steht, dann zu dem Zweck der Motivationserhöhung der Lernenden. Wichtiger ist aber – und da sind wir eher in der Drama- denn in der Theaterpädagogik – der Weg dahin.

Vorbereitung:
Bevor man daran denkt, mit einer Gruppe wirklich „Theater" zu spielen, sollte man die Lernenden immer wieder mit dem Körper und mit der Stimme „arbeiten" lassen.

- Arbeit mit dem Köper: Dazu eignen sich z. B. Pantomime-Spiele, bei denen Wörter oder kleine Situationen dargestellt werden. Erwachsene und Jugendliche haben oft Hemmungen, sich zu „produzieren". Die Erfahrung hat gezeigt, dass sie eher dazu bereit sind, wenn die pantomimische Darstellung in ein Wortschatz-Spiel wie z. B. Aktivity eingebaut ist.
- Arbeit mit der Stimme (Lautstärke, Intonation): Dafür eignen sich z. B. Nonsense-Gedichte oder auch einzelne Sätze, die in verschiedenen Rollen gelesen werden (z. B. besonders traurig oder glücklich, als Sportbericht von einem Fußballspiel, als Streitgespräch usw.). Ein Gedicht, das sich bewährt hat, ist „Gruselett" von Christian Morgenstern:

Gruselett
Der Flügelflagel gaustert
durchs Wiruwaruwolz,
die rote Fingur plaustert,
und grausig gutzt der Golz.

Als erstes soll nun ein Projekt vorgestellt werden, das einen Prosatext als Basis hat.

11.1. Beispiel 1: Jacke wie Mantel

Der Text ist aus dem Buch „Du wärst der Pienek" von Ursula Wölfel. Das Buch ist für Kinder geschrieben, einige Texte eignen sich aber durchaus auch für Erwachsene. Der Vorteil ist die überaus einfache Sprache.
„Jacke wie Mantel" kann bereits auf Niveau A2 gelesen werden, zumal die meisten Lehrbücher auf diesem Niveau sowohl Wortschatz zum Thema Kleidung als auch die Adjektivdeklination einführen. Der Text ist damit vorentlastet und eignet sich gut als Ergänzung zur jeweiligen Lehrbuchlektion.

Inhalt:
Personen: Kundin, Verkäuferin, Herr an der Kasse
Kurz vor Ladenschluss betritt eine Dame eine Boutique, um eine Jacke zu kaufen. Sie probiert sämtliche Jacken und Mäntel an, ist nie zufrieden und kann sich nicht entscheiden. Sie geht ohne etwas zu kaufen. Nachdem sie endlich das Geschäft verlassen hat, sperren die Angestellten rasch zu. Die Kundin will nun doch die erste Jacke, die sie anprobiert hat, haben und klopft, doch die Angestellten öffnen nicht mehr und schleichen durch die Hintertür hinaus. Die Kundin regt sich fürchterlich auf und will sich am nächsten Tag bei der Geschäftsleitung beschweren.

Lernziele:

- Attitüdenbildung: Lehrbuchdialoge zum Thema „Einkaufen" sind meist langweilig. Hier wird das Thema witzig und auch ironisch behandelt. Dadurch werden die Lernenden motiviert, sich mit dem benötigten Wortschatz zu beschäftigen, ohne den Eindruck zu haben, sie würden wie Kinder behandelt, die lernen, wie man einkauft.
- Sprache: Die Lernenden erweitern ihre sprachlichen Kompetenzen auf vielfältige Art. Sie präsentieren und vertreten in der Kleingruppe und im Plenum ihre Meinung. Sie formulieren Dialoge mit VerkäuferInnen. Dabei verwenden sie den relevanten Wortschatz und die grammatischen Strukturen (Adjektivdeklination!). Im Fall einer „Theateraufführung" werden sie auch dazu animiert, deutlich und laut und in der richtigen Satzmelodie zu artikulieren.
- Interkulturelle Kompetenz: Den Lernenden wird bewusst, dass Verkaufssituationen kulturell bestimmt sind. Wie verhält man sich als KäuferIn oder als VerkäuferIn korrekt? Wie sollte man reagieren? Welches Verhalten des Gegenübers muss man akzeptieren? Gibt es bestimmte Öffnungszeiten von Geschäften? All das wird in diesem Text zur Diskussion gestellt.

Arbeitsschritte

Es wird empfohlen, nur den Text, nicht aber die angeschlossene Spielanleitung an die Lernenden zu verteilen, da diese selbst erarbeitet werden soll.

1. *Textarbeit – Phase 1*: Die Lernenden sollen beim ersten Lesen des Textes folgende Fragen beantworten:

- Welche Personen kommen vor?
- Wo spielt die Szene?
- Welche Gegenstände braucht man?

Textarbeit – Phase 2: Die Lernenden sollen den Text in einzelne Abschnitte einteilen.

Textarbeit – Phase 3: Gruppenarbeit
Es werden drei Gruppen gebildet. Jede Gruppe beschäftigt sich mit einer anderen Person (Kundin, Herr an der Kasse, Verkäuferin) aus dem Text.

Jede Gruppe beantwortet zu „ihrer Person" folgende Fragen:
- Wie sieht die Person aus?
- Welche Kleidung trägt die Person?
- Wie spricht sie?
- Wie steht/geht die Person?
- Wie möchte die Person wirken? (nach Tselikas, „Rolleninterview", Tselikas 1999, 178f)
- Verhält sich die Person korrekt?

Die Lehrperson hilft den einzelnen Gruppen durch Bereitstellung des benötigten Wortschatzes. Die Ergebnisse der Gruppenarbeit werden präsentiert und im Plenum besprochen.

2. Schreiben 1: Gruppentext
Jede Gruppe bekommt einen Teil des Ausgangstextes zugeordnet und schreibt einen Dialog plus Regieanweisungen.
Schreiben 2:
Die einzelnen Gruppentexte werden zu einem gemeinsamen Text zusammengefügt. Diskussion: Wo müssen Änderungen gemacht werden? Kann man vielleicht noch eine Figur einbauen?

3. Rollenverteilung, Proben, Aufführung
Soll das Stück wirklich „aufgeführt" werden, empfiehlt es sich, auch die Zuständigkeit für Regie, Bühnenbild, Tontechnik, Kostüme den Lernenden zu übertragen. Das hat eine intensive Auseinandersetzung mit dem Text zur Folge. Auch ein Souffleur/eine Souffleuse sollte nicht vergessen werden.
Die Lehrkraft kann sich auf Hilfestellungen beschränken. Wenn keine Aufführung vor „Kursfremden" geplant ist, können mehrere Gruppen den Text einstudieren und sich gegenseitig vorspielen.

11.2. Beispiel 2: Vater liest immer die Zeitung

Niveau B1

Es handelt sich hierbei um eine Szene aus Helmut Eisendle: *Die Umstimmer*. „Das Stück soll anregen, über pädagogische Probleme nachzudenken, neue Standpunkte zu schaffen und sinnvolle Erkenntnisse auf die Erziehungspraxis zu übertragen." (Eisendle, 1974, 8) Der „pädagogische Zeigefinger" mag die heutigen Lesenden irritieren, Lernenden mit geringen Sprachkenntnissen erleichtert er aber das Textverstehen.
Die einzelnen Szenen können auch für sich stehen, es handelt sich also um ein „offenes Drama". In jeder Szene wird ein Problem in vier Versionen dargestellt, wobei die vierte Version einen Lösungsvorschlag enthält. Auch „Vater liest immer die Zeitung" kann leicht in den Unterrichtsablauf eingebunden werden, da das Thema „Medien" in praktisch jedem Lehrbuch vorkommt.

Inhalt:
Personen: Vater, Mutter, 2 Kinder (Otto und Rosa)

Version 1: Die Familie sitzt beim Frühstück. Die Kinder wollen mit dem Vater sprechen, doch dieser liest die Zeitung und reagiert nicht.

Version 2: Die Familie sitzt beim Mittagessen. Der Vater antwortet nicht auf die Fragen der Familienmitglieder, sondern kommentiert Zeitungsberichte.

Version 3: Auch am Abend ist kein Gespräch mit dem Vater möglich, weil er ständig die Zeitung liest.

Version 4: Die Familie sitzt beim Frühstück. Der Vater bemerkt, dass er keinen Kaffee in der Tasse hat. Als er von der Zeitung aufsieht, sieht er, dass alle Familienmitglieder eine Zeitung in der Hand haben. Er verspricht, in Zukunft während des Essens keine Zeitung mehr zu lesen.

Lernziele:

- Attitüdenbildung: Vor allem die Version 1 ist witzig. Da sich die Rolle des Vaters auf „Mhm" beschränkt, kann sie auch von schwächeren Lernenden gelesen werden, so dass auch diese einmal (positiv) im Mittelpunkt stehen.
- Sprache: Die Spracharbeit ist umfassend und schließt alle bereits gelernten Strukturen ein. Die Lernenden vertreten ihr Meinung, vergleichen eigene Erfahrungen mit der dargestellten Situation und stellen Spekulationen über den Fortgang des Geschehens an. Das kooperative Schreiben bewirkt eine besonders intensive Auseinandersetzung mit der Sprache, denn der Text muss „immer wieder gelesen, kommentiert,

begründet und überarbeitet werden; [...] Daher werden sprachliche Probleme gemeinsam gelöst und Fehler relativiert." (Schmölzer-Eibinger 2006, 205f)

- Interkulturelle Kompetenz: Die Lernenden erhalten eine Reihe von kulturellen Informationen zum Thema „Familienleben". Das beginnt beim Tagesablauf und bei Essgewohnheiten und führt zum Umgang der einzelnen Familienmitglieder miteinander. Natürlich sollten diese Gewohnheiten auch im Hinblick darauf relativiert werden, dass der Text schon beinahe 40 Jahre alt ist.

Arbeitsschritte

Es empfiehlt sich, die vierte Version vorerst nicht an die Lernenden auszuteilen.

1. *Vorentlastung*: Hier bietet sich der Titel für Spekulationen an.
- Wo könnte der Vater immer die Zeitung lesen?
- Wie könnten die Familienmitglieder reagieren?
- Kennen Sie eine solche Situation?

2. *Textarbeit*:
- **Version 1** kann ohne große Vorbereitung mit verteilten Rollen gelesen werden.
- Die Lehrerin/der Lehrer gibt den Satz vor:
  „Eine solche Situation kann es bei uns zu Hause nicht geben/auch geben, weil..."
  In einem Gespräch werden so Gemeinsamkeiten und Unterschiede von „Frühstückssituationen" in verschiedenen Ländern herausgearbeitet.
- **Die Versionen 2 und 3** werden gelesen.
  Gruppenarbeit: In Kleingruppen wird über die Situation in der Familie gesprochen. Finden die Lernenden das Verhalten der einzelnen Familienmitglieder und den Umgang miteinander in Ordnung?
- **Vierte Version**: Gruppenarbeit: Eine vierte Version, die Lösung des Problems, wird von einzelnen Gruppen ausgearbeitet. Nach dem Vortragen der Gruppentexte kann eine beste Version gekürt werden. Im Anschluss daran wird der Originaltext der vierten Version gelesen und mit den eigenen Versionen verglichen.

Gespräch: Was will der Autor offenbar erreichen? Welche Lösung schlägt er vor? Gefällt Ihnen der Lösungsvorschlag des Autors?

3. Kreatives Schreiben

Der Text kann modernisiert werden:

- Was wünschen sich Kinder heute von den Eltern? Sind das noch immer Wildlederstiefel wie im Originaltext?
- Welche aktuellen Schlagzeilen könnte der Vater zitieren?
- Was machen Väter – oder Mütter – heute? Lesen sie noch immer die Zeitung oder arbeiten sie vielleicht am Laptop?
  In Gruppenarbeit zu vier Personen werden einzelne Szenen vorbereitet und präsentiert. Auch hier bietet sich das Rolleninterview als Vorbereitung an:

Rolleninterview:

- Wie heißt du?
- Wie siehst du aus?
- Was trägst du? Was soll deine Kleidung ausstrahlen?
- Was denkst du von dir?
- Was möchtest du, dass die Leute von dir denken?
- Was willst du erreichen?
- Was tust du, wenn du auf Widerstand stößt?
- Wie gehst, sitzt, sprichst du?
- Finde die Stimme dieser Person. (nach Tselikas 1999, 178f)

Textausgaben:

Eisendle, Helmut: *Die Umstimmer*, München, Wien: Thomas Sessler Verlag, 1974.

Wölfel, Ursula: *Du wärst der Pienek. Spielgeschichten, Spielentwürfe, Spielideen*. Mühlheim: Neidhard Anrich Verlag, 1973.

Morgenstern, Christian: Gruselett. In: *Gesammelte Werke in einem Band*. München:Piper Taschenbuchverlag, 1989.

Literatur:

Cieslak, Renata: Vom Text zum Bild – Dramapädagogische Methoden im DaF-Unterricht. *Scenario.* Frankfurt, Göttingen: Jahrgang IV, Volume 2010, Issue 1, 85–96.
http://scenario.ucc.ie.

Finch, Richard: Was Dramapädagogik bewirken kann. In: Drama und Ökologisierung, 12, 13.
http://www.dramapaedagogik.org/wasistdrama.pdf.

Schewe, Manfred: Drama- und Theaterpädagogik im Deutsch als Fremd- und Zweitsprache-Unterricht. In: Krumm, Hans-Jürgen/Fandrych, Christian/Hufeisen, Britta/Riemer, Claudia (Hrsg.): *Deutsch als Fremd- und Zweitsprache. Ein internationales Handbuch*. Berlin: De Gruyter, 2010, 1589–1595.

Schmölzer-Eibinger, Sabine: *Textkompetenz und Lernen in der Zweitsprache. Grundlagen und Verfahren der literalen Didaktik*. Habitilationsschrift zur Erlangung der Lehrbefugnis für das Fach Sprachlehrforschung und Deutsch als Fremdsprache. Graz 2006.

Tselikas, Elektra: *Dramapädagogik im Sprachunterricht*. Zürich: Orell Füssli, 1999.

12. Gedichte

Kriterien der Textauswahl

Für die Arbeit mit Lyrik im Unterricht DaF/DaZ sprechen viele Argumente:

- Gedichte bieten sich „auf Grund ihres exemplarischen Charakters, ihrer Überschaubarkeit und Abgeschlossenheit" (Löschmann, Schröder, 1988, 78) auf allen Lernstufen an.
- Besonders im Anfängerunterricht und in der Mittelstufe unterstützen Rhythmus, Klang und Reim die Lektüre und das Rezipieren fremdsprachiger Texte. Das kann zum Abbau von Sprechangst beitragen.
- Gedichte und Lieder lockern den Unterricht auf und wirken gegen die Monotonie im Klassenzimmer; die Motivation der Lernenden steigt.
- Gedichte sind Träger von Gefühlsäußerungen, die in Lehrwerken häufig nicht enthalten sind.
- Gedichte ermuntern zum Spiel mit der Sprache.
- Lyrische Texte können eigene Schreibversuche in der Fremdsprache initiieren.
- In vielen Gedichten stellt die kulturelle Fremde einen „Irritationsfaktor" dar, der sich jedoch meistens als „motivationsstärkend" (Mummert, *Nachwuchspoeten, 1989,* 23) erweist.

Lernziele:

Je nach Gedicht und Arbeitsweise variieren die angestrebten Lernziele. Hier können nur allgemeine Ziele angeführt werden.

- Bei der Arbeit mit Gedichten werden affektive Lernziele angesprochen. Damit wird der Grundsatz berücksichtigt, dass im Sprachunterricht nicht einseitig das Kognitive betont werden soll. Die musisch-kreative Seite der Lernenden wird gefördert.
- Gedichte verlangen, dass „man sich sehr bewusst mit ihnen auseinandersetzt" (Kußler,1980, 17 f). Durch die Beschäftigung mit ihnen erweitern die Lernenden ihre sprachlichen Fähigkeiten und verbessern ihr Lesevermögen.
- Die Lernenden erwerben Verständnis für lyrische Kunstformen und Techniken.
- Die kulturelle Fremde, der Lernende in einem Gedicht begegnen, führt dazu, dass sie ihre eigene kulturelle Position entdecken.

Es gibt mehrere Möglichkeiten, lyrische Texte zu vermitteln, wobei die Arbeitsweisen auch vom jeweiligen Sprachniveau der Lernenden abhängen. Einige sollen hier vorgestellt werden.

12.1. Ein Gedicht umformen

Günter Kunert **Auf der Schwelle des Hauses**

In den Dünen sitzen. Nichts sehen
Als Sonne. Nichts fühlen als
Wärme. Nichts hören
Als Brandung. Zwischen zwei
Herzschlägen glauben: Nun
Ist Frieden.

Arbeitsschritte

1. Vorentlastung:
Als Vorentlastung bietet sich ein Bild eines einsamen Strandes mit Dünen an. Die Wörter „Düne" und „Brandung" müssen erklärt bzw. anhand des Bildes gezeigt werden. Die Lernenden sammeln nun an der Tafel Ergänzungen zu:
Ich sehe…
Ich fühle …
Ich höre …

2. Textpräsentation:
Das Gedicht kann zunächst in Prosaanordnung gegeben werden mit dem Arbeitsauftrag, den Text in Versen anzuordnen.
In den Dünen sitzen. Nichts sehen als Sonne. Nichts fühlen als Wärme. Nichts hören als Brandung. Zwischen zwei Herzschlägen glauben: Nun ist Frieden.

Es werden sich bei der Umformung in Verse verschiedene Zeilenanordnungen ergeben. Die häufigste wird vermutlich so aussehen:
In den Dünen sitzen.
Nichts sehen als Sonne.
Nichts fühlen als Wärme.
Nichts hören als Brandung.
Zwischen zwei Herzschlägen glauben:
Nun ist Frieden.

Beim anschließenden Vergleich mit dem Originaltext können die unterschiedlichen Formen der Wortwiederholung, die sich dabei ergeben, besprochen werden. (Siehe dazu: Waldmann 1994, 103-105).

3. Schreibaufgabe:
Die Lernenden sollen mit den eigenen, eingangs gesammelten Ideen (siehe Tafelbild – Vorentlastung) ein Gedicht schreiben.

4. Erweiterung:
Der Text kann inhaltlich so verändert werden, dass er die Erfahrungen der Lernenden spiegelt. Beispiele: „In der Schule", „Auf der Uni", „In der Stadt" usw.
Die Texte werden verglichen, eventuell an eine Pinnwand („Gedichtegalerie") geheftet.

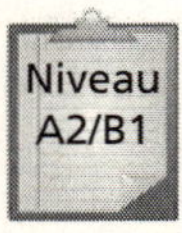

12.2. Variation eines Musters

Bertolt Brecht **Vergnügungen**

Der erste Blick aus dem Fenster am Morgen
Das wiedergefundene alte Buch
Begeisterte Gesichter
Schnee, der Wechsel der Jahreszeiten
Die Zeitung
Der Hund
Die Dialektik
Duschen, Schwimmen
Alte Musik
Bequeme Schuhe
Begreifen
Neue Musik
Schreiben, Pflanzen
Reisen
Singen
Freundlich sein

Arbeitsschritte:

1. Vorentlastung
Die Lernenden werden aufgefordert, sich drei Dinge zu überlegen, die ihnen Spaß machen. Anschließend setzen sie sich in Gruppen zu viert zusammen. Jede Gruppe bekommt ein Blatt mit der Überschrift: Das macht uns Spaß. Das Blatt wird drei Mal reihum gegeben und jede/r schreibt jeweils eine Aktivität im Infinitiv auf (z. B. einen Krimi lesen, in die Disko gehen). Im Anschluss werden die Texte vorgelesen.

2. Textarbeit
Das Gedicht wird vom Lehrer/von der Lehrerin vorgelesen und anschließend von den Lernenden still gelesen. Dabei sollen sie jeweils mit einer anderen Farbe markieren:
Dinge, die ihnen auch Vergnügen bereiten,
Dinge, die ihnen kein Vergnügen bereiten,
Wörter, die sie nicht verstehen.

(Der Begriff „Dialektik" wird auf Schwierigkeiten stoßen. Als Erklärung sollte genügen, dass es sich um einen Begriff aus der Philosophie handelt. Auch der Hinweis auf den marxistischen Hintergrund von Brecht und die Bedeutung der Dialektik bei Marx und Engels sind eventuell relevant.)

Die Lernenden werden aufgefordert, mit Hilfe der Farbmarkierungen ihren Zugang zum Text zu formulieren.

Beispiel: Der Autor nennt alte Musik, aber ich mag lieber Hip Hop. Der Autor nennt „Begreifen". Ich freue mich, wenn ich ein Grammatikkapitel begriffen habe.

3. Schreibaufgabe
Die Lernenden sollen nun selbst ein Gedicht schreiben. Enthalten sein sollen: Gegenstände mit mindestens einem Adjektivattribut und Aktivitäten.

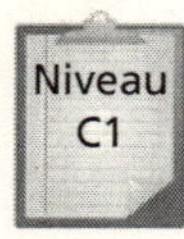

12.3. Ein Gedicht zerschneiden und wieder zusammensetzen

Ingeborg Bachmann **Reklame**

wohin aber gehen wir
ohne sorge sei ohne sorge
wenn es dunkel und wenn es kalt wird
sei ohne sorge
aber
mit musik
was sollen wir tun
heiter und mit musik
und denken
heiter
angesichts eines Endes
mit musik
und wohin tragen wir
am besten
unsre Fragen und den Schauer aller Jahre
in die traumwäscherei ohne sorge sei ohne sorge
was aber geschieht
am besten
wenn Totenstille

eintritt

Arbeitsschritte

1. Vorentlastung

Als Einstieg in den Text bietet sich eine Gruppenarbeit an. Eine Gruppe macht eine Mind-Map zum Thema „Werbung", die andere Gruppe sammelt Assoziationen zur Wortkreation „Traumwäscherei". In einem Gespräch im Plenum können beide Begriffe in Beziehung zu einander gesetzt werden.

2. Textpräsentation

a) Arbeitsgruppen werden gebildet. Jede Gruppe erhält die normal gedruckten Zeilen des Gedichtes auf einzelnen Papierstreifen (Achtung: Die erste Zeile muss mit einem Kleinbuchstaben beginnen!) und versucht, die Streifen in eine sinnvolle Reihenfolge zu bringen. Die Gruppen zeigen dem Plenum ihre Lösung. Alle Lösungen sind „richtig".

b) Gespräch im Plenum: Welche Satzart herrscht vor? (Antwort: Fragesätze) An wen könnten sich die Fragen richten? Gibt es überhaupt eine Instanz, die diese Fragen beantworten kann? (Gott, die Religion?)
c) Anschließend wird das Originalgedicht gelesen und die eingefügten Zeilen werden besprochen: Geben sie eine Antwort auf die Fragen? Welche? Wie ist der Titel „Reklame" zu verstehen?
Warum ist nach „Totenstille" eine Lücke?
d) Das Gedicht eignet sich gut dafür, „mit verteilten Rollen" gelesen zu werden.

3. Schreibaufgabe
Anschließend werden die Lernenden-Varianten aus 2a wieder aufgegriffen und nach dem Modell des Gedichtes ergänzt, d.h., die Lernenden werden gebeten, zwischen die Zeilen etwas einzufügen, was eine „zweite" Stimme sagen könnte: etwas Aufmunterndes, Positives, Erfreuliches.

12.4. Entflechten zweier miteinander vermischter Gedichte

Niveau B1

Die Originalgedichte:

Joachim Ringelnatz

In Hamburg lebten zwei Ameisen,
Die wollten nach Australien reisen.
Bei Altona, auf der Chaussee,
Da taten ihnen die Beine weh.
Und da verzichteten sie weise
Dann auf den letzten Teil der Reise.

James Krüss

Wer hat Ameisenkinder gesehn?
Können Sie nach sechs Tagen schon gehn?
Laufen die Ameisenkinder geschwinder
Als zum Beispiel die Mistkäferkinder?
Kriegen sie schon einen Klaps auf den Po?
Ach, meine Lieben, die Sache ist so:
Wer Ameisenkinder sah, ganz kleine,
Der lügt,
Der betrügt!
Es gibt nämlich keine!

Arbeitsblatt

Arbeitsaufgabe:

a) Zwei Gedichte sind vermischt worden. Lesen Sie die Verse und ordnen Sie sie Gedicht a oder Gedicht b zu. Achten Sie dabei auf die Reimwörter!
b) Üben Sie „Ihr" Gedicht und klären Sie mit dem Lehrer/ der Lehrerin Wörter, die Sie nicht verstehen. Tragen Sie das Gedicht vor.

James Krüss

Ameisenkinder

Joachim Ringelnatz
Die Ameisen

Wer hat Ameisenkinder gesehn?
Können sie nach sechs Tagen schon gehn?
In Hamburg lebten zwei Ameisen,
Die wollten nach Australien reisen.
Laufen die Ameisenkinder geschwinder
Bei Altona auf der Chaussee,
Als zum Beispiel die Mistkäferkinder?
Da taten ihnen die Beine weh.
Kriegen sie schon einen Klaps auf den Po?
Und da verzichteten sie weise
Dann auf den letzten Teil der Reise.
Ach, meine Lieben, die Sache ist so:
Wer Ameisenkinder sah, ganz kleine,
Der lügt,
Der betrügt!
Es gibt nämlich keine!

12.5. Zwei Gedichthälften

Originalgedicht

Christine Busta ***Was der Morgenwind erzählt***

In allen Dörfern krähen die Hähne,
es räkeln sich in den Städten die Kräne,
schon raucht's von den Dächern und faucht's aus den Schloten,
die Gassen duften nach warmen Broten,
auf ihren surrenden Rädern flitzen
die Bäckerbuben mit schneeweißen Mützen,
beim Milchmann scheppern die blechernen Kannen,
das Wasser braust in die Badewannen,
die Kinder fahren in Höschen und Socken,
auf allen Türmen tanzen die Glocken,
die Sonne führt goldene Wölkchen zur Weide,
im Schulhaus spitzt schon der Lehrer die Kreide
und malt an die Tafel die ganze Welt
so lustig und bunt, daß sie jedem gefällt.

Gebraucht wird dafür ein relativ kurzes Gedicht (10-16 Zeilen). Die einzelnen Zeilen sollen möglichst die gleiche Länge aufweisen. Jede Zeile wird in zwei Hälften geteilt, die jeweils in zwei Spalten (A und B) angeordnet werden. Die Zeilenanordnung wird in jeder Spalte umgestellt.

Beispiel	
A	B
auf allen Türmen und malt an die Tafel es räkeln sich beim Milchmann scheppern so lustig und bunt schon raucht's von den Dächern in allen Dörfern die Bäckerbuben im Schulhaus spitzt das Wasser braust auf ihren surrenden Rädern die Sonne führt die Gassen duften die Kinder fahren	die ganze Welt krähen die Hähne schon der Lehrer mit Kreide flitzen dass sie jedem gefällt über den Städten die Kräne mit schneeweißen Mützen goldene Wölkchen zur Weide und faucht's aus den Schloten die blechernen Kannen in Höschen und Socken in die Badewannen tanzen die Glocken nach warmen Broten

Arbeitsschritte:

a) Die Lernenden hören das komplette Gedicht. Sie haben dabei den Text nicht vor sich und sollen keine Notizen machen. Eventuell kann der Text ein zweites Mal vorgelesen werden.

b) Gruppenarbeit: Die Lernenden rekonstruieren den Text.

c) Plenum: Textvergleich.

12.6. Lückenhafte Gedichte (Leerstellen)

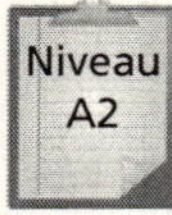

Originalgedicht

Vera Ferra-Mikura

Was ich von meinen Tanten zum Geburtstag bekam

von Tante Wilhelmine
eine Mandarine,
von Tante Grete
eine Trompete,
von Tante Adelheid
ein Sommerkleid,
von Tante Beate
eine Tomate,
von Tante Liane
eine Banane,
von Tante Isabell
ein weißes Bärenfell,
von Tante Veronika
eine Harmonika,
von Tante Emilie
eine Lilie,
von Tante Kunigunde
zwei lustige Hunde,
zuletzt von Tante Erika
eine Karte aus Amerika.
Tante Walpurga, auf die sich nichts reimt,
hat mein zerbrochenes Holzpferd geleimt.

Die Lernenden bekommen lückenhafte Gedichte und werden gebeten, die fehlenden Worte bzw. Textstellen einzusetzen. Anschließend werden die Schülerversionen mit dem Original verglichen. Das Einfügen der jeweiligen Worte oder Zeilen kann verschiedenen Zwecken dienen: das Reimschema erkennen, die Wortwahl abwägen, die Struktur durchschauen.

Arbeitsblatt:
Ergänzen Sie die fehlenden Geburtstagsgeschenke. (Sie müssen sich mit den Namen der Tanten reimen!)

Vera Ferra-Mikura

Was ich von meinen Tanten zum Geburtstag bekam

Von Tante Wilhelmine
eine Mandarine
von Tante Grete
____
von Tante Adelheid
____
von Tante Beate
____
von Tante Liane
____
von Tante Isabell
ein weißes __________
von Tante Veronika
____
von Tante Emilie
____
von Tante Kunigunde
zwei lustige _________
zuletzt von Tante Erika
eine Karte aus _________
Tante Walpurga, auf die sich nichts reimt,
hat mein zerbrochenes Holzpferd geleimt.

Das Verfahren kann auch gesteuert werden, indem etwa eine Auswahl an möglichen Wörtern zur Verfügung gestellt wird, oder die Reimwörter in einem Silbenrätsel gesucht werden müssen.

~~Man~~ Som ~~ri~~ Trom te mer ~~ne~~ kleid To ren ma te
Ba deri ne Bä na fell Har ~~da~~ mo ni ka Li pe
lie Hun Ame ka

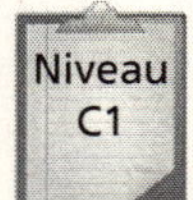

12.7. Analytische Verfahren

12.7.1. Der Vergleich

Der Vergleich ist ein wichtiges Erkenntnismittel. Wir unterscheiden Merkmale, indem wir sie vergleichen, wir ordnen Neues ein, indem wir es Bekanntem gegenüberstellen.
Der Vergleich von Texten bietet den Lernenden die Möglichkeit, selbständig und entdeckend Beobachtungen anzustellen. Notwendig sind dazu drei bis vier themen- bzw. motivverwandte Gedichte (Liebe, Abschied, Tod, Krieg usw.). Als Beispiel werden hier drei Liebesgedichte angeführt:

Heinrich Heine

Mir träumte wieder der alte Traum:
Es war eine Nacht im Maie,
Wir saßen unter dem Lindenbaum,
und schwuren uns ewige Treue.

Das war ein Schwören und Schwören aufs neu,
ein Kichern, ein Kosen, ein Küssen;
Daß ich gedenk des Schwures sei,
Hast du in die Hand mich gebissen.

O Liebchen mit den Äuglein klar!
O Liebchen schön und bissig!
Das Schwören in der Ordnung war,
Das Beißen war überflüssig.

Johann Wolfgang von Goethe

Nur wer die Sehnsucht kennt,
Weiß, was ich leide!
Allein und abgetrennt
Von aller Freude,
Seh ich ans Firmament
Nach jener Seite.

Ach! Der mich liebt und kennt,
Ist in der Weite.
Es schwindelt mir, es brennt
Mein Eingeweide!
Nur wer die Sehnsucht kennt,
Weiß, was ich leide!

Joseph von Eichendorff

Das zerbrochene Ringlein

In einem kühlen Grunde
Da geht ein Mühlenrad,
Mein' Liebste ist verschwunden,
Die dort gewohnet hat.

Sie hat mir Treu versprochen,
Gab mir ein'n Ring dabei,
Sie hat die Treu gebrochen,
Mein Ringlein sprang entzwei.

Ich möcht als Spielmann reisen
Weit in die Welt hinaus
Und singen meine Weisen
Und gehn von Haus zu Haus.

Ich möcht als Reiter fliegen
Wohl in die blut'ge Schlacht,
Um stille Feuer liegen
Im Feld bei dunkler Nacht.

Hör ich das Mühlrad gehen:
Ich weiß nicht, was ich will -
Ich möcht am liebsten sterben,
Da wär's auf einmal still!

Arbeitsschritte:

a) Einzelarbeit: Die Lernenden lesen die Gedichte mehrere Male aufmerksam durch und reihen sie dann. Das Gedicht, das am besten gefällt, wird mit 1 gekennzeichnet, das nächste mit 2 usw. Das Ergebnis wird in einer Tabelle festgehalten:

	1	2	3
Mir träumte			
Nur wer die Sehnsucht kennt			
Das zerbrochene Ringlein			

b) Gruppenarbeit: Die Lernenden begründen den Gruppenmitgliedern gegenüber ihre Reihung von 1 bis 3.
c) Plenum: Diskussion über die Rangordnung
d) Gruppenarbeit: Die Gruppen erarbeiten die Antworten auf folgende Fragen: Welche Gemeinsamkeiten weisen die drei Gedichte auf? Was unterscheidet sie inhaltlich, sprachlich, formal? Die Ergebnisse werden von einem Gruppensprecher schriftlich festgehalten.
e) Plenum: Bericht der GruppensprecherInnen

12.7.2. Eine Moritat

Frank Wedekind

Der Tantenmörder

Ich hab' meine Tante geschlachtet,
Meine Tante war alt und schwach;
Ich hatte bei ihr übernachtet
Und grub in den Kisten-Kasten nach.

Da fand ich goldene Haufen,
Fand auch an Papieren gar viel

Und hörte die alte Tante schnaufen
Ohn' Mitleid und Zartgefühl.

Was nutzt es, daß sie sich noch härme –
Nacht war es rings um mich her
Ich stieß ihr den Dolch in die Därme,
Die Tante schnaufte nicht mehr.

Das Geld war schwer zu tragen,
Viel schwerer die Tante noch.
Ich faßte sie bebend am Kragen
Und stieß sie ins tiefe Kellerloch.

Ich hab' meine Tante geschlachtet,
Meine Tante war alt und schwach;
Ihr aber, o Richter, ihr trachtet
Meiner blühenden Jugend-Jugend nach.

1. Vorentlastung

Ein möglichst reißerischer Zeitungstext über einen Mord im familiären Milieu wird gelesen. Dabei soll besonders auf die Kriterien von Zeitungstexten geachtet werden: Erfüllt die Schlagzeile alle Anforderungen? Wie ist der Text aufgebaut? (Vom Wichtigsten zum weniger Wichtigen?) Welche Reaktionen möchte der Journalist/die Journalistin bei den LeserInnen hervorrufen? Welche sprachliche Mittel setzt er/sie dafür ein?

2. Textpräsentation

Die Moritat sollte zuerst gehört (verschiedene Versionen sind auf Youtube abrufbar) und der Inhalt von den Lernenden kurz zusammengefasst werden. Dabei können Parallelen zum Zeitungstext gezogen werden. Im Anschluss wird der Text gelesen und mit dem gehörten verglichen.

3. Textarbeit

a) Bei diesem Text handelt es sich um eine **Moritat**. Moritate wurden von umherziehenden Sängern auf Jahrmärkten vorgetragen und handelten oft von Verbrechen.

Vergleichen Sie typische Merkmale von Moritaten mit dem Text von Wedekind.

Merkmale von Moritaten	bei Wedekind: gleich	anders und zwar:
Sie handeln von sensationellen, schauerlichen Ereignissen, Verbrechen usw.		
einfache Sprache		
kommentierend und wertend		
Bestätigung der anerkannten Moralauffassung		
auktorialer Erzähler		

b) Spracharbeit
Suchen Sie im Text Beispiele für die Gefühllosigkeit des Täters

4. Textproduktion

Die Jahrmarktsänger waren die Vorgänger unserer heutigen Boulevardpresse. Schreiben Sie einen Text für ein Boulevardblatt über den Tantenmord.

12.8. Landeskunde und Literatur: Gedichte für eine Österreich-Landeskunde

Die folgenden vier Gedichte bieten einen Einstieg in das Thema „Österreich", der zeitlich nicht aufwendig ist, eine vergnügliche Spracharbeit darstellt und Neugierde auf ein deutschsprachiges Land wecken soll, dessen Bild stark von Klischees geprägt ist.
Die Gedichte sind sehr gut geeignet, Lernende in die komplexe und widersprüchliche Geschichte Österreichs einzuführen und damit auch eine Art „Österreichbewusstsein" zu schaffen. Sie sollen aber auch zu Vergleichen mit dem eigenen Land anregen. Am Ende wird sich erweisen, dass die durch eine Beschäftigung mit den Gedichten gewonnenen Erkenntnisse, unabhängig von den Österreich-Bezügen, durchaus „relevant" für Deutschlernende sind. Das sprachliche Niveau der meisten Texte mag auf den ersten Blick recht einfach sein. Man muss allerdings bedenken, dass ein Gespräch über die landeskundliche Einbettung der Texte sprachlich sehr anspruchsvoll ist, sofern es in einer multikulturellen Gruppe nicht in der gemeinsamen Muttersprache der Lernenden geführt werden kann. Aus diesem Grund wurde auf Niveauempfehlungen verzichtet.

12.8.1. H.C. Artmann: „Mein Vaterland Österreich"

H.C. Artmann

Mein Vaterland Österreich

Österreich bestand ehedem
aus den folgenden Ländern:
dem Erzherzogtume Österreich,
dem Herzogtume Steyermark,
der gfürchteten Grafschaft Tyrol
nebst Vorarlberg,
dem Königreiche Böhmen,
der Markgrafschaft Mähren,
dem österreichischen Anteil an Schlesien,
dem Königreiche Illyrien,
dem Königreiche Galizien und Lodomerien,
dem Lombardisch-venezianischen Königreiche,
dem Königreiche Ungarn mit seinen Nebenländern
Slawonien, Kroatien und Dalmatien
und dem Großfürstentume Siebenbürgen.

Heute besteht Österreich
aus den Ländlein:
Wien,
Niederösterreich,
Oberösterreich,
Salzburg,
Tirol,
Fahrradlberg,
Kärnten,
Steiermark
und dem Burgenland.

Tu, felix Austria, juble und jodle!

Voraussetzung für das Verständnis dieses Textes, einer Montage aus Ländernamen, ist das Vertrautsein mit den Namen der österreichischen Bundesländer. In Form eines *advance organizers* suchen die Lernenden zunächst auf einer ihnen zur Verfügung gestellten Landkarte die Bundes-

länder. Deren Namen werden auf der Tafel (auf Folie) festgehalten. Anschließend werden die ersten Eindrücke von dem Gedicht in Partnerarbeit ausgetauscht.
Der Text besteht aus zwei Teilen, die jeweils für das Österreich von früher (Z. 1: ehedem; Z. 2: Länder) und von heute (Z. 17: Ländlein) stehen. Es kommt nicht darauf an, dass die Lernenden wissen (oder gar wissen müssen), wo sich die Kronländer der einstigen Monarchie befinden. Es genügt, wenn sie den Kontrast zwischen den beiden Teilen des Gedichtes und die dahinter stehende Absicht erkennen. Durch die Gegenüberstellung von „exotischen" Ländern samt deren bombastischen Bezeichnungen, wie sie in der Monarchie galten, mit den nüchtern aufgezählten Bundesländern der Republik Österreich erzielt Artmann einen ironisch-komischen Effekt. Verstärkt wird dieser durch zwei eingeschobene Wortspiele.
In Z. 23 heißt es „Fahrradlberg" statt „Vorarlberg". Als Erklärung für diese spielerische Umgestaltung bietet sich die Einstellung vieler „Ostösterreicher" zu diesem Bundesland im äußersten Westen Österreichs an. Vorarlberg wird von einem Teil der Österreicher als fremd empfunden und wegen seiner Andersartigkeit (alemannischer Dialekt) mitunter belächelt. Die „gfürchtete Grafschaft Tyrol" (Z. 5) ist ebenfalls ein Wortspiel. Als Kronland hatte Tirol die Bezeichnung „gefürstete Grafschaft" (nach „Fürst"). Zwar fürchten sich die restlichen Österreicher keinesfalls vor den Tirolern, das Wortspiel könnte aber als Andeutung darauf aufgefasst werden, dass die Tiroler den Ruf haben, aus härterem Holz geschnitzt sowie ein raues und patriotisch-konservatives Volk zu sein.
Der letzte Satz ist eine Anspielung auf den lateinischen Spruch „Bella gerant alii, tu, felix Austria, nube!" (Kriege mögen andere führen, du, glückliches Österreich, heirate!). Er wurde dem ungarischen König Matthias Corvinus (gest. 1490) fälschlich zugeschrieben. Das Zitat stammt vermutlich aus der Zeit Maximilians I. (1459-1519) und spielt auf seine Heiratspolitik an. Die Habsburger vergrößerten ihr Land vor allem durch politische Ehen (und nicht durch Kriege).
Das von Artmann verfremdete und ironisierte Zitat (Z. 27: „... juble und jodle!") könnte sich auf die Anpassungsfähigkeit, aber auch auf die Lebensfreude und angebliche Sorglosigkeit der Österreicher beziehen, die sich längst mit ihrem Kleinstaat arrangiert haben und sich darin durchaus wohl fühlen.

Das Gedicht Artmanns stellt auch eine geeignete Ausgangsbasis für interkulturelle Vergleiche dar. So könnte, je nach Ausgangssituation, über die Vor- und Nachteile, in einem so kleinen Land wie Österreich zu leben, diskutiert werden. Themen wie Gebundensein an ein stark von seiner Geschichte geformtes Territorium bzw. Mobilität, wie sie etwa in den USA, einem im Vergleich zu Österreich wenig von der Last der Geschichte geprägten Land, herrscht, könnten angeschnitten werden. Die Frage nach Rivalitäten innerhalb eines Landes, wie sie Artmann bei den österreichischen Bundesländern auf spielerisch-ironische Weise andeutet, ließe sich diskutieren. Zur Erweiterung des Themas bietet sich ein Gespräch über den politischen und kulturellen Einfluss Österreichs zur Zeit der Monarchie und heute an.

12.8.2. Konstantin Kaiser: „Über meinen Grossvater"

Konstantin Kaiser ***Über meinen Großvater***

In Vorarlberg vor achtzig Jahren geboren.
Armer Leute Kind. Nie ein Vermögen verloren.

Gelernt: Elektriker. Wann: Vor dem Krieg,
der nur der erste war.

Kein großer Kerl. Kann euch nicht sagen,
ob er damals den roten Schnurrbart getragen.

Nach dem Krieg nach Innsbruck gekommen,
meine liebe Großmutter zur Frau genommen.

(Sie kaute Kaffeebohnen lieber als Gemüse
zur Zeit der großen Wirtschaftskrise.)

Ein Foto zeigt ihn, ziemlich jung,
auf des Bahnhofs steinerner Einfassung

mit einem hölzernen Koffer stehen,
in den Krieg für seinen Kaiser gehen.

Ein zweites Foto: wie er gebeugt
in den Wagen des Volkssturms steigt.

Dann Wiederaufbau. Bei Frost, überm Kopf
Lichtleitungen in die nackten Mauern gestemmt.

Als er starb, war gerade eine bessere Zeit
nach den zwei Kriegen und der Arbeitslosigkeit.

In diesem kurzen Gedicht des eher wenig bekannten, 1947 in Innsbruck geborenen und heute in Wien lebenden Autors wird in komprimierter Form die Geschichte Österreichs „von unten" dargestellt. Die politischen Umwälzungen, die ein um die Jahrhundertwende geborener Österreicher erlebt hat, werden in wenigen Zeilen vor Augen geführt: Monarchie, Erster Weltkrieg, Arbeitslosigkeit in den dreißiger Jahren, Ende des Zweiten Weltkrieges, Wiederaufbau, beginnender Wohlstand.
Für die Textarbeit bieten sich folgende Arbeitsschritte an. Nach der Lektüre des Gedichtes werden die Lernenden gebeten, die folgenden Begriffe zu klären, wobei sie ein Lexikon oder eine kurz gefasste Geschichte Österreichs benützen sollen.

Z. 3-4: ... Krieg, der nur der erste war
Z. 10: große Wirtschaftskrise (wann? warum?)
Z. 14: ...für seinen Kaiser (welcher?)
Z. 16: Volkssturm
Z. 17: Wiederaufbau (wann? wo? warum?)
Z. 20: zwei Kriege (welche? wann?)Arbeitslosigkeit (wann? warum?)

Anschließend wird in einem Klassengespräch versucht, den Lebenslauf des Großvaters zu erstellen. Dies kann mittels einer Tabelle oder einer Zeitleiste, in der die politische Geschichte mit der persönlichen Biographie in Beziehung gesetzt wird, geschehen.

Biografie des Großvaters:

Jahr (ungefähr)	Ereignis
1896	
1902-1910	
1910-1914	
1914-1918	
1919	
20er bis 30er Jahre	
1945	
nach 1945	
1961	

In die Tabelle werden gewisse Fixpunkte, die sich aus dem Gedicht ergeben, sowie (nach Bedarf) historische Daten eingetragen. Der Rest wird im Klassengespräch gemeinsam rekonstruiert, wobei die Brüche in der jüngeren österreichischen Geschichte ersichtlich werden.
Abschließend können die Lernenden die Biografien ihrer Großväter mit jener des Großvaters bei Kaiser und somit die politische Entwicklung Österreichs mit der in ihrem Land vergleichen.

12.8.3. Ernst Jandl: „wien: heldenplatz"

Ernst Jandl ***wien: heldenplatz***

der glanze heldenplatz zirka
versaggerte in maschenhaftem männchenmeere
drunter auch frauen die ans maskelknie
zu heften heftig sich versuchten, hoffensdick.
und brüllzten wesentlich.

verwogener stirnscheitelunterschwang
nach nöten nördlich, kechelte
mit zu-nummernder aufs bluten feilzer stimme
hinsensend sämmertliche eigenwäscher.

pirsch!
döppelte der gottelbock von Sa-Atz zu Sa-Atz
mit hünig sprenkem stimmstummel.
balzerig würmelte es im männechensee
und den weibern ward so pfingstig ums heil
zumahn: wenn ein knie-ender sie hirschelte.

Mit seiner Fremdartigkeit und Offenheit, den zunächst als unsinnig empfundenen Wortverbindungen und Wortneuschöpfungen sowie dem phonetisch ungewohnten Klangbild scheint sich dieses schon für muttersprachliche Leser schwierige Gedicht dem fremdsprachigen Leser eher zu sperren. In einem gelenkten Klassengespräch können jedoch auch Deutschlernende mit Gewinn an das Gedicht herangeführt werden.
Jandls Gedicht setzt einen informierten Leser voraus. In Form eines *advance organizers* ist daher kurz auf das historische Geschehen, mit dem sich der Text auseinandersetzt, einzugehen.
Stoff des Gedichtes ist die Erinnerung des Autors an eine Begebenheit im Frühjahr 1938, dem Jahr des Anschlusses von Österreich an das nationalsozialistische Deutschland. Der damals vierzehnjährige Ernst Jandl stand, wie er selbst erzählt, auf der Wiener Ringstraße in der Nähe des Heldenplatzes, eingezwängt in eine Menschenmenge, die zu einer Kundgebung gekommen war. Dabei protestierte eine Frau gegen eine freilich unbeabsichtigte Kniebewegung des jungen Mannes (vgl. Jandl, „Notizen zur eigenen poetischen Arbeit", 122).
Historischer Hintergrund ist die große Kundgebung am 15. März 1938, bei der Hitler zu einer riesigen, begeisterten Menschenmenge auf dem Heldenplatz sprach und stürmisch bejubelt wurde.

Sofern möglich, sollte das Gedicht zuerst in einer Aufnahme mit Ernst Jandl selbst gehört werden (Ernst Jandl*: Laut + Luise, hosi+anna: Sprechgedichte*. Berlin: Verlag Klaus Wagenbach, 2001, CD nur noch gebraucht bei Amazon). Der Autor ahmt beim Vortrag Hitlers Sprechweise nach. Beim ersten Anhören haben die Lernenden den Text noch nicht vor sich. Sie werden gefragt, welche Wörter sie verstanden haben (vermutlich wenige). Die Antworten werden auf der Tafel (auf Folie) festgehalten.

Beim zweiten Anhören haben die Lernenden den Text vor sich. Sie werden um ihre Reaktionen auf das Gedicht gebeten, die ebenfalls auf der Tafel festgehalten werden. (Mögliche Antworten: unsinnig; es klingt komisch; Wörter ergeben einzeln und im Zusammenhang keinen Sinn; Wörter, die es gar nicht gibt.)

Nachdem die Lernenden darauf aufmerksam gemacht wurden, dass Jandl in dem Gedicht tatsächlich vorkommende, „bekannte" Wörter verwendet, jedoch auch „neue", nicht existierende erfindet, werden sie gebeten, in Gruppenarbeit Beispiele für die beiden Arten von Wörtern zu finden. Die Resultate können in Form einer Tabelle festgehalten werden. Anschließend werden sie verglichen und im Klassengespräch kurz diskutiert. Auf Vollständigkeit muss dabei nicht Wert gelegt werden. Eine ausgefüllte Tabelle könnte wie folgt aussehen:

	Nomen		Verben		Adjektive/Adverbien	
Zeile	bekannt	neu	bekannt	neu	bekannt	neu
1	helden-platz				zirka	glanze
2		männchen-meere		versaggerte		maschenhaft
3	frauen	maskelknie				
4			heften versuchten		heftig	hoffensdick
5				brüllzten	wesentlich	
6		Stirnscheitel unterschwang				verwogener
7	nöten			kechelte	nördlich	
8	stimme		bluten			feilzer
9		eigenwäscher		hinsensend		sämmertliche
11		gottelbock		döppelte		
12		stimmstummel				hünig sprenkem

13		männe-chensee		würmelte		balzerig
14	weibern heil		ward			pfingstig
15	knie-ender		hirschelte			zumahn

Die Lernenden werden erkennen, dass einzelne „neue" Wörter durchaus Anklänge an „bekannte" haben, ja davon abgeleitet sind. Sie werden nun gebeten, einzelne Wörter zu nennen, die ihrer Meinung nach einen Bezug zu den folgenden Bereichen haben: Nationalsozialismus, Jagd, Fischfang, Erotik. Die Assoziationen der Lernenden werden diskutiert. Im Gespräch wird sich zeigen, dass sich die Assoziationen aus den verschiedenen Bereichen überschneiden, ergänzen und vermischen. Gegebenenfalls lenkt die Lehrkraft das Klassengespräch, indem sie einige Wörter auswählt, diese in eine Tabelle einträgt und ihre Assoziationen beschreibt (die sich nicht mit jenen der Lernenden decken müssen).

National-sozialismus	Jagd	Fischfang	Erotik

Abschließend wird die Frage diskutiert, welchen Effekt Jandl mit seiner Assoziationstechnik erreicht haben könnte. Es geht darum, dass ein komplexes, irrationales, im Grunde nicht erklärbares Geschehen (die heute unverständliche Faszination, die von Hitlers Persönlichkeit ausging; die Begeisterung der Menschenmassen; die Massenhysterie bei Kundgebungen zu Ehren Hitlers; der Kult, der Hitler in eine gottähnliche Stellung erhob) mittels der Assoziationstechnik, die nie eindeutige Antworten zulässt, im Gedicht adäquater und wirkungsvoller dargestellt wird, als dies etwa in einem historischen Werk möglich ist.
Das Gedicht Jandls könnte nicht zuletzt als Anregung dazu dienen, sich im Landeskundeunterricht intensiver mit Phänomenen des Nationalsozialismus, hier insbesondere des Führerkults und der Verführung von Massen, zu beschäftigen. Wieder bieten sich interkulturelle Vergleiche an. Ist die heute unerklärliche Faszination, die Hitler auf viele Menschen ausübte, etwas spezifisch Österreichisches (oder Deutsches)? Könnte Derartiges

oder Ähnliches heute und anderswo geschehen? Gibt es heute charismatische (oder dämonische) Persönlichkeiten, denen die Massen blind folgen? Ohne etwaige Parallelen mit Hitler strapazieren zu wollen, wird sich in einem Gespräch zeigen, dass sich junge Menschen der Gefahren blinder Verführung durchaus bewusst sind.

12.8.4. Ernst Jandl: „eine fahne für österreich“ Gedicht – Sage – Fachtext

Ernst Jandl **eine fahne für österreich**

rot
ich weiß
rot!

Texteinstieg:
Die Lernenden werden aufgefordert, ihre Assoziationen zum Thema „Fahne“ stichwortartig aufzuschreiben. („Welche Assoziationen verbinden Sie mit der Fahne Ihres Landes?“) Die Antworten werden in Form eines Assoziogrammes inventarisiert. Wenn sich die Lernenden nämlich erst ihre eigene Einstellung zur Fahne ihres Landes bewusst machen, wenn ihre Assoziationen mit denen anderer konfrontiert werden, dürften sie eher bereit sein, sich mit einem ihnen an sich fremden Thema, Fahne und patriotische Gesinnung der Österreicher, kritisch auseinanderzusetzen.

Textpräsentation:
Auf den Jandl-Text werden die Lernenden vermutlich mit Ratlosigkeit reagieren. Eine Antwort soll möglichst von ihnen selbst entdeckt werden: Senkrecht gelesen, ergibt der Text die Farben der österreichischen Fahne, in gewohnter Richtung gelesen schiebt sich der Satz „Ich weiß“ ein, der wie die etwas widerwillig, ungeduldig und gereizt gegebene Antwort auf Vorhalte klingt, doch die Fahne zu beachten, mehr Patriotismus zu zeigen.
Als Kontrast zum Gedicht werden die folgenden zwei Texte gelesen. Es handelt sich um die Sage „Wie die österreichische Fahne entstanden ist“ und um einen kurzen Sachtext zum selben Thema. Die Lernenden werden in zwei Gruppen geteilt. Jede Gruppe beschäftigt sich mit einem anderen Text und sollte gemeinsam entscheiden, ob die vorgegebenen Aussagen zu den Texten richtig oder falsch sind. Anschließend werden neue Grup-

pen zu vier Personen gebildet mit je zwei Lernenden aus jeder Gruppe. Die Lernenden erzählen einander „ihre" Texte und vergleichen die Aussagen. Anschließend sollte sich jede Gruppe überlegen, warum in der Sage wohl das Heldentum und die Tapferkeit der Österreicher unterstrichen wird und welche Einstellung zur Fahne daraus spricht. Die Bedeutung des Jandl-Gedichtes sollte für die Lernenden so klarer werden.

Sage: Wie die österreichische Fahne entstanden ist

Im Jahre 1187 hatten die heidnischen Türken Jerusalem erobert. Da haben sich im ganzen Abendland Fürsten und Ritter gesammelt, um die heilige Stadt Jerusalem von den ungläubigen Türken wieder zu befreien. Allen voran stürmte Herzog Leopold V. von Österreich. Leopold kämpfte mit seinem Schwert so tapfer gegen die Türken, dass sein weißes Gewand bald ganz rot vom Blut war.

Nach einer sehr blutigen Schlacht gelang es ihm, einen Turm der Festung Akkon zu erobern. Auf diesen Turm hängte er das Zeichen für Österreich. Dieses Zeichen war damals noch ein roter Adler. Laut jubelten die tapferen Ritter aus Frankreich, Deutschland und Österreich. Die Festung Akkon gehörte nun den Christen.

Doch den stolzen, englischen König Richard Löwenherz machte der Jubel zornig. Er wollte das Lob für den Sieg für sich alleine haben. Es sollte nur sein Zeichen auf dem Turm hängen. Deshalb riss er das Siegeszeichen von Herzog Leopold herunter. Die österreichischen Ritter waren sehr zornig. Da schrie plötzlich einer: „Herzog Leopold, lass das alte Zeichen! Du warst so tapfer, du hast uns ein neues Zeichen gegeben. Schau dein Gewand an!" Da sah Leopold plötzlich, dass sein Waffenrock von oben bis unten ganz rot war vom Blut der Gegner. Als er den breiten Gürtel abnahm, war am Gewand nur an dieser Stelle noch ein weißer Streifen übrig. So ergaben sich die Farben „Rot-weiß-rot".
Plötzlich riefen alle: „Rot-weiß-rot sollen die neuen Farben der österreichischen Flagge werden! Rot-weiß-rot bis in den Tod!" Und seit diesem Tag, es war der 12. Juli 1191, tragen alle österreichischen Fahnen die Farben „rot-weiß-rot".

Textverständnis: r f

1. Die europäischen Adeligen kämpften im Mittelalter gegen die Türken. ☐ ☐
2. Herzog Leopold von Österreich war besonders mutig. ☐ ☐
3. Die Franzosen eroberten die Festung Akkon. ☐ ☐
4. Richard Löwenherz kämpfte gegen die Österreicher. ☐ ☐
5. Leopolds Gewand war rot vom Blut der Türken. ☐ ☐
6. Nur wo der Gürtel war, blieb es weiß. ☐ ☐
7. Alle österreichischen Ritter starben. ☐ ☐

Sachtext: Die österreichische Fahne

Die Herkunft der Farben Rot-Weiß-Rot der österreichischen Fahne wird auf den „Bindenschild"[1] der Babenberger zurückgeführt, ist aber nicht vollständig geklärt. [...]Historisch nicht haltbar ist jedenfalls die Sage von der Wahl des rot-weiß-roten Wappens durch Herzog Leopold V., dessen weißer Waffenrock nach dem Kampf in der Schlacht bei Akkon bis auf einen durch die Schwertbinde[2] bedeckten Streifen von Blut getränkt gewesen sei. Als Heerfahne im 14., 15. Und 16. Jahrhundert mehrmals nachweisbar, wurde die rot-weiß-rote Fahne unter Kaiser Joseph II. 1786 Kriegs-, National- und Seeflagge. Sie wurde bis 1869 als Handelsflagge und bis 1918 als Kriegsflagge verwendet, und 1918 von der aus dem Zusammenbruch Österreich-Ungarns hervorgegangenen Republik Österreich übernommen. Am 31. Oktober 1918, noch vor der Ausrufung der Ersten Republik, wurden auf Vorschlag des späteren Bundespräsidenten Wilhelm Miklas vom Staatsrat, welcher damals provisorisch die Regierungsgeschäfte führte, die Farben Rot-Weiß-Rot „als deutschösterreichische Staatsfarben" festgelegt.

1. Der Begriff „Bindenschild" scheint in der Heraldik nur im Zusammenhang mit dem österreichischen Wappen auf und bezieht sich auf den weißten Mittelstreifen („Binde") im roten Feld, der korrekt als Balken zu bezeichnen wäre. Die Verwendung der Bezeichnung Bindenschild ist möglicherweise im Zusammenhang mit der historisch nicht haltbaren Entstehungssage zu erklären
2. eine Art Gürtel

Textverständnis: **r f**

1. Die Farben Rot-Weiß-Rot waren Teil des Wappens der Babenberger. ☐ ☐
2. Man weiß genau, woher die Farben der österreichischen Fahne kommen. ☐ ☐
3. Wahrscheinlich gehen sie auf den tapferen Herzog Leopold V. zurück. ☐ ☐
4. Ab dem 18. Jahrhundert waren die Farben österreichische Staatsfarben. ☐ ☐
5. Nach dem Ersten Weltkrieg wurden Rot-Weiß-Rot österreichische Nationalfarben. ☐ ☐

Literatur:

Bredella, Lothar: „Literarische Texte im Fremdsprachenunterricht: Gründe und Methoden." Literarische Texte im Fremdsprachenunterricht: Gründe und Methoden." *Literarische Texte im kommunikativen Fremdsprachenunterricht: Protokoll eines Werkstattgesprächs des Goethe House New York im September 1984*. New York: Goethe House, 1985, 268-97.

Collie, Joanne/Slater, Stephen: *Literature in the Language Classroom: A Resource Book of Ideas and Activities*. Cambridge: Cambridge UP, 1987.

Drews, Jörg: „Über ein Gedicht von Ernst Jandl: *wien: heldenplatz*." *Ernst Jandl: Materialienbuch*. Hrsg. Wendelin Schmidt-Dengler. Darmstadt: Luchterhand, 1982, 34-44.

Fremdsprache Deutsch. Literatur im Anfängerunterricht.11 (1994).

Frank, Horst Joachim: *Wie interpretiere ich ein Gedicht?* Tübingen, Basel: Francke Verlag, 2003.

Hollenstein, Gerd: *Bunt viele steine und unglaublich variierbar*: Gedichte im Fremdsprachenunterricht. Österreichzentrum/Hochschule Skövde/Bundesministerium für Unterricht, Kunst und Kultur, Wien <http://www.his.se/PageFiles/35976/DaF_Gedichte07b.pdf> 5.2.2012. <http://www.his.se/hogskolan/organisation/institutioner/iki/osterrikecentrum/unterrichtsideen> 5.2.2012.

Jandl, Ernst. „Notizen zur eigenen poetischen Arbeit." *Formen der Lyrik in der österreichischen Gegenwartsliteratur*. Hrsg. Wendelin Schmidt-Dengler. Wien: Bundesverlag, 1981, 122.

Koppensteiner, Jürgen: *so loch doch: Gedichte und Lieder aus Österreich (nicht nur) für Deutschlernende*. Wien: Österreichischer Bundesverlag, 1987.

Krechel, Rüdiger: *Konkrete Poesie im Unterricht des Deutschen als Fremdsprache*. Heidelberg: Julius Groos, 1983.

Kußler, Rainer: „Prinzipien der Literaturdidaktik Deutsch als Fremdsprache am Beispiel lyrischer Texte." *Zielsprache Deutsch* 2, 1980, 16-22.

Maley, Alan: *Literature*. Oxford: Oxford UP, 1990.

Pabisch, Peter: „Sprachliche Struktur und assoziative Thematik in Ernst Jandls experimentellem Gedicht 'wien: heldenplatz.'„ *Modern Austrian Literature* 9.2, 1976, 73-85.

Spann, Gustav: Fahne, Staatswappen und Bundeshymne der Republik Österreich. Onlinequelle: www.demokratiezentrum.org Printquelle: Bundesministerium für Unterricht, Kunst und Sport. Abteilung Politische Bildung (Hrsg.): 26. Oktober. Zur Geschichte des österreichischen Nationalfeiertages. Wien o. J., 35-50 oder <www.eduhi.at/dl/staatswappen.pdf> 13.11.2011.

Waldmann, Günter: *Produktiver Umgang mit Lyrik: Eine systematische Einführung in die Lyrik, ihre produktive Erfahrung und ihr Schreiben. Für Schule (Sekundarstufe I und II) und Hochschule sowie zum Selbststudium*. 3. Aufl. Baltmannsweiler: Schneider Verlag Hohengehren, 1994.

Quellenangabe (Gedichte):

Artmann, H.C: „Mein Vaterland Österreich". Aus: H. C. Artmann, *Sämtliche Gedichte*. Salzburg und Wien: Jung und Jung, 2003.

Bachmann, Ingeborg: „Reklame". Aus: Ingeborg Bachmann. *Werke*. Band 1. München: Piper, 1978.

Brecht, Bertholt: „Vergnügen". Aus: Bertolt Brecht. *Gedichte 1948-1956. Buckower Elegien. In Sammlungen nicht enthaltene Gedichte. Gedichte und Lieder aus Stücken.* Frankfurt a. M.: Suhrkamp, 1964. und aus: Bertolt Brecht: *Werke. Große kommentierte Berliner und Frankfurter Ausgabe, Band 15: Gedichte 5.* © Bertolt-Brecht-Erben/Suhrkamp Verlag 1993.

Busta, Christine: „Was der Morgenwind erzählt". Aus: Christine Busta. *Die Sternenmühle*. Salzburg: Otto Müller, 1959.

Eichendorff, Joseph von: „Das zerbrochenen Ringlein". Aus: *Der ewige Brunnen: Ein Handbuch der deutschen Dichtung*. Hrsg. Ludwig Reiners. München: Beck, 2000.

Ferra-Mikura, Vera: „Was ich von meinen Tanten zum Geburtstag bekam". Aus: *Das Sprachbastelbuch*. Wien: Jugend und Volk, 1975. (Neuauflage: Wien: Verlag G&G, 2005.)

Goethe, Johann Wolfgang von: „ Nur wer die Sehnsucht kennt", Aus: *Goethes Ge-*

dichten in zeitlicher Folge. Hrsg. Heinz Nicolai. 11 Aufl. Frankfurt a.M.: Insel, 1999.

Hatheyer, Lisa. <www.kidsnet.at/Sachunterricht/bundeslaender/sage_oesterr.htm> 13.11 *2011.*>

Heine, Heinrich: „Mir träumte wieder der alte Traum". Aus: Heinrich Heine: *Sämtliche Gedichte in zeitlicher Folge*. Hrsg. Klaus Briegleb. Frankfurt a. M. Insel, 1997.

Jandl, Ernst. „wien:heldenplatz"; „eine fahne für österreich". In: Ernst Jandl: *Gesammelte Werke*. 2 Bände. Darmstadt: Luchterhand, 1985.

Kaiser, Konstatin. „Über meinen Großvater". In: *Gaismair-Kalender 1983*. Innsbruck: Michael Gaismair-Gesellschaft.

Krüss, James: „Ameisenkinder". Aus: *So viele Tage wie das Jahr hat: 365 Gedichte für Kinder und Kenner*. Hg. James Krüss. 7. Aufl. Der Neuausgabe von 1989. München: Bertelsmann, 1999.

Kunert, Günther: „ Auf der Schwelle des Hauses". Aus: Günter Kunert. *Erinnerungen an einen Planeten: Gedichte aus fünfzehn Jahren*, München: Hanser, 1963.

Ringelnatz, Joachim: „Die Ameisen". Aus: Joachim Ringelnatz. *Sämtliche Gedichte*. Zürich, Diogenes, 1997.

Wedekind, Frank: „Der Tantenmörder". Aus: Frank Wedekind. *Die vier Jahreszeiten.* München: Albert Langen, Verlag für Literatur und Kunst, 1905.

13. Migrationsliteratur

Die moderne Migrationsliteratur beginnt im deutschsprachigen Raum in den 1960er und 1970er Jahren. Verwendete man zunächst die Bezeichnung „Gastarbeiterliteratur", so ist dieser Begriff heute nicht mehr adäquat. Heute spricht man von MigrantInnenliteratur bzw. von Migrationsliteratur oder auch von Interkultureller/Interlingualer Literatur. (Vgl. Hausbacher 2008)

Der Begriff „MigrantInnenliteratur" bezieht sich auf die Biografie der Autorinnen und Autoren und sagt nichts über die Inhalte der Texte sowie die Schreibweise der AutorInnen aus. Diese Reduktion auf die Biografie ist aber mehr als fragwürdig, unterstellt sie doch, dass der Migrationshintergrund des Autors/der Autorin eine Sonderstellung innerhalb der Literaturszene bedingt.

Klaus Schenk bezeichnet die literarische Tätigkeit von AutorInnen mit Migrationshintergrund denn auch als kulturelle Übersetzung, die zu einem Schreibimpuls geworden sei, „der die Position eines anderen Blicks als Position eines Dritten zu eröffnen sucht." (Schenk 2004, 102)

Viele SchriftstellerInnen mit Migrationshintergrund wehren sich gegen die Zuordnung zu einer „Sonderform der deutschen Literatur" und betonen nachdrücklich, Teil des deutschsprachigen literarischen Feldes zu sein. Zafer Senoçak kritisiert z. B.: „Bei Autoren, die außerhalb ihrer eigenen Sprachgeografie leben, drohen Fragen der Zugehörigkeit andere biografische Details zu verdecken. Die mythischen Grundlagen ihrer Arbeit geraten ganz aus dem Blickfeld." (Senoçak 2001, 97)

Im Gegensatz dazu bezieht sich die Bezeichnung „Migrantionsliteratur" auf die Texte selbst und deren Inhalt. Der Migrationsliteratur ordnet man literarische Texte zu, die (kulturelle) Grenzüberschreitungen behandeln. Heidi Rösch betont, in ihnen werde Kultur „als dynamisch verstanden und Menschen werden Entscheidungsmöglichkeiten über Zugehörigkeit und Ausgestaltung der eigenen Kultur eingeräumt." (Rösch 2004, 96) Deshalb kann man diesem Bereich der Literaturproduktion auch AutorInnen ohne Migrationshintergrund zuordnen, die einen interkulturellen Diskurs anregen (vgl. ibid., 97).

In der didaktischen Arbeit mit Migrationsliteratur unterscheidet Rösch eine literatur- und eine kulturwissenschaftlich bedingte Herangehensweise. Bei ersterer stehen die Gestaltung von Figuren, die Erzählweise und literarischen Stilmittel im Vordergrund, bei der kulturwissenschaftlichen Betrachtungsweise wird auf die Interpretation kultureller Phänomene Wert gelegt (vgl. Rösch 2010, 1575 f).

Im Folgenden wird eine kleine kommentierte Bibliographie von Migrationsliteratur vorgestellt, die für den Unterricht DaF/DaZ geeignet scheint.

13.1. Texte von AutorInnen mit Migrationshintergrund

Kaminer, Wladimir: Ich mach mir Sorgen, Mama. München: Manhatten Verlag 2004.
Kaminer beschreibt seine Familie, ihre Probleme in Deutschland und die Herausforderungen, denen man sich als MigrantIn zu stellen hat. Für eine Beschäftigung im Unterricht spricht neben der äußerst humorvollen Darstellung auch die Kürze der einzelnen Erzählungen.

Knapp, Radek: Herrn Kukas Empfehlungen. München: Piper 1999.
Der Ich-Erzähler Waldemar beschließt, den Sommer in einem deutschsprachigen Land zu verbringen. Auf Empfehlung seines Nachbarn, Herrn Kuka, fährt er nach Wien und erlebt hier, wie Ausländer behandelt werden. Sehr humorvoll! Der Roman wurde auch verfilmt.

Shami, Rafik: Der Fliegenmelker. Erzählungen. München: dtv 1997.
Der gebürtige Syrer ist einer der etabliertesten Autoren mit Migrationshintergrund in Deutschland. Er lässt das Damaskus der 1950er Jahre in 13 Geschichten auferstehen, die aufgrund ihres Humors und ihrer interkulturellen Ausrichtung auch für die Gegenwart interessant sind.

Vertlib, Vladimir: Zwischenstationen. München: dtv 2010.
Der gebürtige Russe schildert in diesem Roman, der autobiographische Züge hat, die Odyssee des Ich-Erzählers durch die ganze Welt, bevor er sich in Österreich zuhause fühlen kann.

13.2. Texte von AutorInnen ohne Migrationshintergrund

Frischmuth, Barbara: Die Schrift des Freundes. Berlin: Aufbau-Verlag 2005.
Die Liebesgeschichte zwischen der EDV-Spezialistin Anna und dem Aleviten Hikmet ist spannend und ein Plädoyer für ein friedliches Zusammenleben verschiedener Kulturen. Der Roman wurde auch verfilmt.

Grill, Andrea: Tränenlachen. Salzburg: Otto Müller Verlag 2008.
Spannende Beziehungsgeschichte zwischen einer Österreicherin und einem Albaner und um den Einfluss von Politik auf das Privatleben.

Hackl, Erich: Entwurf einer Liebe auf den ersten Blick. Zürich: Diogenes 1999.
Die Liebesgeschichte zwischen einem Österreicher und einer Spanierin zur Zeit des Spanischen Bürgerkriegs und des Zweiten Weltkriegs schildert die Probleme von Fremdheit und Ausgrenzung. Für den DaF/DaZ-

Unterricht wegen der relativ einfachen Sprache, der knappen Kapitel und des geringen Umfangs besonders gut geeignet.

Michael Lüders: Aminas Restaurant. Ein modernes Märchen. Zürich: Arche Literatur Verlag 2006.
Das Buch schildert das Schicksal einer marokkanischen Einwandererfamilie in Bremen. Es gibt Anklänge an die Geschichten von 1001 Nacht. Der Restaurantbesitzer erzählt einen Sommer lang den Gästen die Geschichte seiner Familie.

Literatur:

Arnold, Heinz Ludwig: Text und Kritik. Sonderband *„Literatur und Migration"*, IX/06.

Hausbacher, Eva: Migration *und* Literatur: Transnationale Schreibweisen und ihre „postkoloniale" Lektüre. In: Vorderobermeier, Gisela/Wolf, Michaela (Hrsg.): *„Meine Sprache grenz mich ab...-" Transkulturalität und kulturelle Übersetzung im Kontext von Migration.* Berlin, Wien: Lit-Verlag, 2008, 51–78.

Rösch, Heidi: Migrationsliteratur als neue Weltliteratur? In: *Sprachkunst* XXXV/2004, 89–109.

Rösch, Heidi: Migrationsliteratur im Deutsch als Fremd- und Zweitsprache-Unterricht. In: Krumm, Hans-Jürgen/Fandrych, Christian/Hufeisen, Britta/Riemer, Claudia (Hrsg.): *Deutsch als Fremd- und Zweitsprache. Ein internationales Handbuch.* Berlin: De Gruyter Mouton, 2010, 1571–1577.

Schenk, Klaus: Essayistik der Migration. Essayistisches Schreiben als kulturelle Übersetzung bei Libuše Moníková und Yoko Tawada. In: Schenk, Klaus/Todorow, Almut/Tvrdik, Milan (Hrsg.): *Migrationsliteratur. Schreibweisen einer interkulturellen Moderne.* Basel, Tübingen: Franke, 2004, 97–114.

Senoçak, Zafer: Zungenentfernung. *Bericht aus der Quarantänestation. Essays.* München: Babel Verlag, 2001.

Nachwort

Handreichungen für den Einsatz von literarischen Texten im DaF/DaZ- Unterricht sind rar. Das vorliegende Buch möchte diese Lücke zumindest verkleinern. Es richtet sich an Lehrende, die bereits im Beruf stehen und sich zur Arbeit mit literarischen Texten informieren, aber auch theoretisches Hintergrundwissen erwerben wollen ebenso wie an Studierende, die zu LehrerInnen für DaF/DaZ ausgebildet werden.
Der theoretische, erste Teil des Buches bietet ein fundiertes Basiswissen zu den relevanten Literaturtheorien der letzten Jahrzehnte und ihre Folgen für die Didaktik. Im praktischen, zweiten Teil des Buches begeben wir uns auf einen Streifzug durch eine Vielzahl von Textsorten und didaktischen Möglichkeiten. Dieser Streifzug soll Anregungen für den Unterricht geben und auch dazu motivieren, selbst kreativ zu werden und Texte, die für die eigene Zielgruppe geeignet scheinen, für den Unterricht aufzubereiten.
In diesem Sinne ist zu hoffen, dass viele LehrerInnen sich an das Projekt „Literatur" heranwagen und ihren Unterricht damit interessanter und nachhaltiger gestalten.

Lösungsschlüssel

8.2 Maikäfer flieg:

Arbeitsblatt 1:
Gruppe A:
1. Es handelt sich um die beiden letzten Jahre des 2. Weltkriegs.
2. 1944 – 12x; 1945 – 4x; jedes „Krieg" steht für einen „Kriegsmonat".
3. Im Mai 1945 war der 2. Weltkrieg zu Ende.

Gruppe B: Kriegswaise; Pulverland für ein Land, das sich im Krieg befindet. Maikäfer als Symbol von Freiheit (er kann davonfliegen); im Mai war der 2. Weltkrieg zu Ende.
Gruppe C: Die Geschichte spielt in den letzten Monaten des 2. Weltkriegs. Der Roman ist Anfang der 1970er Jahre erschienen.

Arbeitsblatt 2a
1: Grundstück, das von Häusern umgeben ist.
2: Die Bilder in der vorgegebenen Reihenfolge stellen dar: der Hackstock, die Klopfstange, das Klappstockerl, die Küchenkredenz, der Volksempfänger, der Abfallkübel.

Arbeitsblatt 2b
1: A e; B f; C c; D a; E b; F d.
2: In einer Diktatur kann man verhaftet werden, wenn man etwas gegen die Regierung sagt. Frau Brenner ist überzeugte Nationalsozialistin. Sie zeigt die Großmutter vielleicht an.

9.1 Der Besuch der alten Dame:
Gruppenarbeit – 2. Unterrichtseinheit
Mögliche Lösungen:
Gruppe 1:
Damals: Eine der ersten Kulturstädte im Lande, Goethe hat hier übernachtet. Brahms hat hier ein Quartett komponiert. Usw.
Jetzt: ruiniert, zerfallen, Bahnhofsgebäude verwahrlost, verwahrloste Männer, usw.

Gruppe 2:
Damals: Kläri Wäscher, Vater Baumeister, verteufelt schöne Hexe, usw.
Jetzt: Claire Zachanassian, Milliardärin, rothaarig, aufgedonnert, unmöglich, usw.

Gruppe 3:
Beispiele: S. 23: Eisenbahnerwitwen; S. 24: Jüngstes Gericht; S. 29: Sterbende trösten, zum Tode verurteilt; Todesstrafe; S. 30: Totenscheine, Herzschlag; S. 31: elektrischer Stuhl, Sarg; S. 35: Romeo und Julia; S. 41: jemanden erwürgen, zum Totlachen; S. 49: eine Milliarde für Ills Tod.

Gruppe 4: Kläri, Ill, der Richter, Ludwig Spaar, Jakob Hühnlein.

Arbeitsblatt 1
Armut: 1, 2, 4, 7, 9, 10 Reichtum: 3, 5, 6, 8, 11, 12

Arbeitsblatt 2 (Seitenanzahl bezieht sich auf Taschenbuchausgabe)
A: 1g, S.15; 2h, S.74; 3a, S.19; 4a, S.26; 5j, S.26; 6i, S.30; 7b, S.31; 8k, S.33; 9f, S.14; 10d, S.38; 11c, S.34.
B: Kundgebung = Massenversammlung, Aufmarsch; aufbieten = einsetzten; Meineid = falscher Eid; Verleumdung = jemanden zu Unrecht beschuldigen, diffamieren; Beffchen = Halsbinde mit zwei Leinenbindchen, Amtstracht Evangelischer Pfarrer; Halunke = Betrüger; Stiftung = Schenkung für gemeinnützigen Zweck.

9.2 Wunschloses Unglück:
Arbeitsblatt 1b
Vater: Kleinbauer, Pachtzins, Sparen, Kartenspielen
Mutter: keine Ausbildung, keine Zukunft, Sparen
Sohn: Zimmermann, Gemeinderat, Kartenspielen
Tochter: keine Ausbildung, Krankheit, Arbeit als Köchin, keine Zukunft

Arbeitsblatt 2
Kindheit und Jugend: Bauern; 1 Bruder; Pflichtschule; Köchin (Bilder 1, 3)
Ehe und Familie: Hausfrau; Soldat, Straßenbahnfahrer, Hilfskraft; Berlin, Kärnten; 3 Kinder, Depressionen (Bilder 2, 4, 5)
Letzte Lebensphase: Kopfschmerzen usw.; Selbstmord mit Schlaftabletten, Antdepressiva und Schmerztabletten, Urlaub am Meer (Bild 6).

Arbeitsblatt 3
1938: Stimme für Anschluss an Deutschland, neue Bekanntschaften, positive Stimmung
1939 – 1945: große Liebe – unehelicher Sohn; Heirat 1942; Übersiedelung nach Berlin, zurück nach Kärnten
1945: zieht zu Ehemann nach Berlin – elegante Frau
1950er Jahre: manchmal kleine Annehmlichkeiten (Kinobesuch) möglich

Arbeitsblatt 4. Siehe Seite 63ff.

Arbeitsblatt 5
1a: Verarbeitung des Selbstmords der Mutter, Möglichkeit der Distanzierung, möchte Mutter als Beispiel für Frauen ihrer Generation beschreiben, ...
1b: einen Buchstaben auf Papier klopfen, wegfahren
2: R: a) c) d) e) g) F: b) f)

9.3 Kleider machen Leute
Arbeitsblatt 1
a-6; b-3; d-2; e-5; g-8; h-4; i-1; j-7 ; c,f überflüssig.

Arbeitsblatt 2
Text1: Abschnitt 2:

Der kann noch einen Fisch so essen, wie es sich gehört.
Der Herr ist aus einem vornehmen Haus, das könnte ich beschwören.

Text 2: Abschnitt 5
töricht: dumm; fortwährend: ständig; wohlmeinend: günstig; ausgeschlagen: abgelehnt; verhöhnt: ausgelacht; einst: eines Tages

Text 3: Abschnitt 8
Herr Wenzel Strapinsky hat sich nie selbst als Graf ausgeben, sondern andere haben ihn so genannt.
Er hat immer nur mit seinem Vor- und Familiennamen unterschrieben und nie irgendeinen Titel verwendet. Das heißt, er hat nichts anderes verbrochen als eine Gastfreundschaft auszunützen, die ihm nicht gewährt worden wäre, wenn er nicht mit dem vornehmen Wagen gekommen wäre, und der Kutscher sich keinen schlechten Spaß erlaubt hätte.

12.8.2 Konstantin Kaiser: „Über meinen Großvater"

Biographie des Großvaters:

Jahr (ungefähr)	Ereignis
1896	in Vorarlberg geboren
1902-1910	Schulbesuch
1910-1914	Elektrikerlehre
1914-1918	1. Weltkrieg
1919	Heirat in Innsbruck
20er bis 30er Jahre	Arbeitslosigkeit
1945	Volkssturm
nach 1945	Arbeit als Elektriker
1961	Pensionierung mit 65

12.8.3. Ernst Jandl: „wien: heldenplatz"

National-sozialismus	Jagd	Fischfang	Erotik
verwogener stirnscheitelunterschwang verwogen verwegen verlogen Stirn, Scheitel	*pirsch* pirschen: das Anschleichen des Jägers an das Wild Motiv der Menschenjagd *hirschelte*	*maschenhaft* Ein Fischnetz hat Maschen. Menschen zappeln hilflos im Netz. *männchenmeere* Menschenmeer: die	*frauen* Anspielung darauf, dass Hitler besonders bei Frauen gut „ankam". (Mehr Frauen als Männer stimmten für Hitler.)
Überschwang der Menge Schwung: Hitler pflegte die über seine Stirn herunterhängende Haarsträhne mit Schwung zurückzustreifen. *nördlich* Vorstellung der nordischen (= germanischen, überlegenen) Rasse *gottelbock* Hitler: Gott, der angebetet wird. (Der Führerkult verhalf Hitler zu einem fast gottähnlichen Status.)	der Hirsch *knie-ender* Achtzehnender = Hirsch mit achtzehn Geweihenden	Menschen-massen bei der Kundgebung	*hoffensdick* dick sein = guter Hoffnung (schwanger) sein *brüllzten* brüllen, balzen (= durch Lockruf werben) (Anspielung auf die geradezu erotische Wirkung, die Hitler auf Frauen gehabt haben soll)

Sage der Fahne:
R: 1,2,4,5,6 F: 3,7

Sachtext zur Fahne:
R: 1,4,5 F: 2,3

Notizen

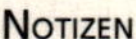

Notizen